W0097465

COLLECTION
ROLF HEYNE

Axel und Bibiana Behrendt

Trester

DER GUIDE FÜR KENNER
UND GENIESSER

Mit Fotos von Armin Faber
und Thomas Pothmann

WILHELM HEYNE VERLAG
MÜNCHEN

Bildnachweis:

Château d'Auvernier 30; Breuer 46; Fürstlich-Castell'sches Domänenamt 54; DWI 170; DWI/Dieht 6; Faber & Partner 11, 14, 15, 16, 23, 24, 98, 102, 106, 153, 155, 161, 172, 179, 203, 214, 221; Fürst 74; Heymann-Löwenstein 99; Reichsgraf von Kesselstatt 114; Kilian, Rüdesheim 30; Kollwentz 157; Andreas Laible 123; Lang 125; Lingenfelder 129; Metternich-Sándor 143; Mühlbauer 92; Schales 164; Schlumberger 166; Schmitz 174; Selbach-Oster 181; Weinbauschule Silberg 185; St. Urbanshof 201; StockFood/S. & P. Eising 227, 235; Bildverlag Arthur L. Traut, Welzheim; Luftbild Albrecht Brugger, Stuttgart-Flughafen, freig. Reg. Präs. Stgt. Nr. 2/42306C 28; Winkler-Hermaden 212; Wittmann 216. Alle anderen Fotos: Armin Faber und Thomas Pothmann.

Copyright © 1997 by Wilhelm Heyne Verlag GmbH & Co. KG, München
Umschlaggestaltung: Christian Diener, Berlin
Umschlagfoto: Manuel Schnell, München
Karten: Marina Faggioli-Herold, München
Satz: Michael Bauer, Weißenfeld
Druck und Bindung: Pressedruck, Augsburg
Printed in Germany

ISBN 3-453-12352-2

INHALT

VORWORT

In den vergangenen zehn, zwanzig Jahren gab es eine Spirituosengattung, die eine phänomenale, nie dagewesene Karriere gemacht hat: Grappa. In der Begeisterung über die italienischen Hochprozenter ist fast in Vergessenheit geraten, daß auch nördlich des Brenner edle Tropfen aus Traubenschalen destilliert werden – Tresterbrände, die auch in den Weinlandschaften Deutschlands, Österreichs und der Schweiz Tradition haben. Eine Tradition, auf die sich, inspiriert durch das Vorbild Grappa, viele heute wieder besinnen. Immer mehr Winzer arbeiten an der Qualität ihrer Destillate, verfeinern sie oft noch durch langjährige Faßreife und bieten inzwischen mit phantasievollen, edlen Flaschen zusätzlich einen attraktiven Blickfang fürs Auge.

Vom Grappa-Boom zum Trester-Trend? Der Gedanke liegt nahe: Die Qualität steht der der Grappa in nichts nach. Und was paßt besser zu einer modernen Regionalküche als heimische Weine und, als Digestif, ein Edelbrand aus derselben Landschaft? In vielen Spitzenrestaurants gehören Tresterbrände heute schon ganz selbstverständlich zu einer kompetent zusammengestellten Digestifauswahl.

Der Genießer hat es also gut – aber er hat es auch schwer: Oft sind die erzeugten Mengen eines Tresters so gering, daß er kaum über seine Region hinausgelangt und daher auch weitgehend unbekannt bleibt. Andererseits wächst die Vielfalt ständig und ist schon heute, selbst für Insider, praktisch nicht mehr zu überblicken. Es ist das Verdienst der Autoren, mit ihrem Guide mehr Übersicht in diese facettenreiche Landschaft zu bringen. Ihre Auswahl an Spitzentrestern meist höchst renommierter Winzer ist zugleich Leitfaden und Maßstab, um selbst – in der eigenen Region oder auf Reisen, bei Winzern, Brennern oder in Restaurants – Neues und Gleichwertiges zu entdecken.

Ernst-Ulrich Schassberger
Präsident EUROTOQUES Deutschland
Europäische Union der Spitzenköche

An der Schwelle zum Ruhm:

KONKURRENZ FÜR GRAPPA?

G elegentlich kommt es vor, daß eine Spirituosengattung international Karriere macht und sich auf Dauer in der Ruhmeshalle edler Hochprozenter etablieren kann. Vor rund 250 Jahren beispielsweise gelang das dem Cognac. Rund einhundert Jahre später setzte der schottische Whisky zu seinem Siegeszug rund um den Globus an. Und wiederum ein Jahrhundert danach, in unserer jüngeren Vergangenheit, schaffte eine italienische Tresterbrand-Spezialität dieses Kunststück: Grappa.

Die Geschichte und die Erfolgsfaktoren dieser wie auch manch anderer Spirituosen läßt sich mehr oder weniger gut nachvollziehen. Cognac etwa wuchs aus einer genau abgegrenzten, kleinen, gut überschaubaren Region heraus – im engen Zusammenspiel zwischen seinen Erzeugern, die eine gemeinsame, bis heute nachvollziehbare Geschichte vereint. Scotch Whisky wiederum wurde erst durch die Erfindung einer neuen Destillations- und Verschnittechnik für Nichtschotten genießbar; sein internationaler Aufstieg wurde getragen von den Gründervätern vieler heute noch bekannter oder marktbeherrschender Marken – »still going strong«. Auch die Whisky-Geschichte läßt sich also relativ weit zurückverfolgen und erklären. Etwas schwieriger ist dies schon im Hinblick auf Grappa: Sie entstand wohl im Norden Italiens, aber doch über ein großes Gebiet verstreut, hier früher, dort später – erst in den letzten Jahrzehnten haben Destillateure und Winzer zunehmend an einem Strang gezogen und so etwas wie eine gemeinsame Geschichte geschaffen; und einen beeindruckenden Erfolg, der mit Qualität, aber auch mit viel Gespür für Zeitgeist, Ästhetik und Marketing zu tun hat.

Nun steht eine »neuentdeckte« Spirituosengruppe auf der Schwelle: Tresterbrände, diesmal nicht aus Italien, sondern aus Deutschland, Österreich und der Schweiz. Grappa-Geschwister nicht von südlich, sondern von nördlich der Alpen. Betrachtet man allein die große Fläche dieses Gebiets, so wird klar, daß diese Trester quasi keine gemeinsame Geschichte haben können. Hier und dort werden solche Brände zwar »schon immer« gepflegt, viel mehr läßt sich aber nicht sagen. Auf manchem Winzerhof reicht die Tradition der Tresterdestillation über viele Generationen zurück, anderenorts wurde erst in den letzten Jahren oder Jahrzehnten damit begonnen ...

Was den Tresterbränden insgesamt an Geschichte fehlt, das machen sie mit viel Gegenwart und noch mehr Zukunft wett. Heute kommen sie immer mehr in den Blickpunkt, und dies wohl nicht zuletzt im Fahrwasser des Grappa-Booms – die unbestreitbare Klasse vieler Grappe weckt bei zahlreichen Genießern Lust auf »mehr«, auf neue Entdeckungen in derselben Spirituosengattung, und warum nicht auch mal aus anderen Ländern?

Nicht einmal eingefleischte Italophile können sich der Tatsache entziehen, daß beispielsweise heute auch deutsche Winzer wissen, wie man einen guten Brand destilliert oder sich der Unterstützung eines erfahrenen Destillateurs versichert. Damit sich die zahlreichen Freunde der italienischen Grappa auch bei Tresterbränden ganz heimisch fühlen, gönnen immer mehr deutsche, österreichische und Schweizer Winzer ihren Destillaten, wie es in Italien fast schon üblich ist, phantasievolle, modernelegante und nicht selten aufwendig gestaltete Glasflaschen – das Auge trinkt mit, und der Trend wird auf diese Art kräftig gefördert.

Andere Winzer sind noch längst nicht soweit, werden aber ohne jeden Zweifel in den nächsten Jahren ebenfalls als

Weinland Deutschland

Tresterbrand-Erzeuger auf den Plan treten. Schon heute gibt es auf dem Markt eine Vielfalt, die in absehbarer Zeit italienische Verhältnisse erreichen dürfte. Falls das nicht schon der Fall ist – vierstellig ist die Zahl der produzierten Brände längst.

Sind die Tresterbrände damit auf dem besten Weg, der Grappa Konkurrenz zu machen oder sie gar zu verdrängen? Wohl kaum. Neben der wachsenden Vielfalt wären hierzu wohl auch entsprechende Mengen notwendig, die sich vermarkten ließen. Sicher, es gibt überall viel Wein, und an Trestern herrscht daher kein Mangel. Großdestillerien jedoch, wie sie in Italien den Aufstieg der Grappa erst ermöglicht haben, gibt es für Tresterbrände nicht. In Deutschland, Österreich und der Schweiz wird der Trester-Trend bisher von Winzern mit Qualitätsanspruch getragen, die oft nur kleine Mengen produzieren, die sie ohne weiteres in ihrer Region absetzen können.

Keine Gefahr also für die Grappa – Tresterbrände anderer Provenienz sind vielmehr eine interessante Ergänzung, die es möglich macht, die Faszination Grappa auch einmal im Licht anderer, vielleicht einheimischer Destillate zu erleben. In diesem Sinne ist den Tresterbränden sicherlich eine große Zukunft beschieden.

Von der Traube zum Tresterbrand:

DIE HERSTELLUNG

Wenn Tresterbrände, die nicht aus Italien stammen, dennoch manchmal als »Grappa« bezeichnet werden, dann liegt dies nicht nur daran, daß sie geschmacklich vom »Typ Grappa« praktisch nicht zu unterscheiden sind. Tresterbrände werden im Grunde genommen auch auf die gleiche technische Weise hergestellt.

Das Prinzip der Destillation beruht immer – bei allen Spirituosen – auf der Tatsache, daß Alkohol einen niedrigeren Siedepunkt besitzt als Wasser. Aus einer vergorenen, leicht alkoholischen Flüssigkeit (oder einem entsprechenden feuchten Feststoff) verdampfen beim Erhitzen also zunächst die flüchtigeren alkoholischen Bestandteile. Die Dämpfe werden abgekühlt und kondensieren zu einer Flüssigkeit höheren Alkoholgehalts. Meist sind zwei Brenndurchgänge nötig – ein Rauhbrand, gefolgt von einem Feinbrand –, um aus dem Ausgangsmaterial schließlich einen echten Hochprozenter zu gewinnen.

Nichts anderes passiert im Prinzip bei Grappa und anderen Tresterbränden. Um einen reintönigen, einwandfreien Tresterbrand zu destillieren, sind allerdings einige Voraussetzungen vonnöten. Anders als in Italien ist in Deutschland, Österreich und der Schweiz der maximale Feuchtigkeitsgehalt der Trester nicht vorgeschrieben. Der Winzer kann also mit dem Mostanteil spielen: Trockenere Trester ergeben kernige, würzige, der klassischen Grappa verwandte Destillate, feuchtere Trester führen zu fruchtigen, weinigen Bränden, die eher an Hochprozenter aus ganzen Trauben, also Obstbrände, erinnern. Vor der

Destillation müssen die Trester möglichst unter Luftab-
schluß vergoren werden, da Kontakt mit Luft zu negati-
ven Veränderungen bis hin zu einem Essigstich führen
kann; die Kelterrückstände würden damit zum Brennen
untauglich. Weißweintrester werden deshalb direkt nach
der Kelterung in Fässer gepreßt, fest verschlossen und
schnellstmöglich nach Abschluß der Gärung gebrannt.
Beim Brennen von Rotweintrestern sind die Risiken wesentlich geringer: Durch die gemeinsame Gärung von
Trestern und Most, der Maischegärung, fermentieren die
Trester quasi »unter Wasser« – der gärende Traubenmost
schirmt die Preßrückstände von der Luft ab. Direkt nach
dem Abstich der zu Wein vergorenen Flüssigkeit können
die feuchten Trester dann gebrannt werden.

Anders als in Italien, wo die Tresterdestillation hauptsächlich in großen, fabrikmäßig organisierten Brennereien
stattfindet, werden Tresterbrände in Deutschland, Österreich und der Schweiz größtenteils nach (wein-)bäuer-
licher Tradition in Kleinbrennereien hergestellt – wie in
früheren Zeiten, um durch hochprozentige Resteverwertung die auf feinen Obstdestillaten lastenden Alkohol-
steuern in Naturalien zu begleichen, dann aber, um gutem
Wein auch passende Destillate zur Seite zu stellen.

Für kleine Brennereien lohnt sich die Anschaffung eines
seit Mitte der sechziger Jahre erhältlichen kontinuier-
lichen Brennapparates nicht, zumal die so entstehenden
Destillate viel von ihrem Charakter verlieren würden.
Sämtliche in diesem Buch vorgestellten Tresterbrände
sind nach traditioneller Methode gebrannt: diskontinuierlich in der Kupferbrennblase. Eine Methode, die dem
Brenner Mühe macht, aber die Möglichkeiten des Roh-
materials Trester optimal zur Geltung bringt. Das Risiko
bei der Tresterdestillation: Bei Direktbefeuerung brennt
der Feststoff Trester trotz Zugabe von Wasser häufig an.
Die Folge: Aromafehler. Moderne Brennkessel verfügen
deshalb über indirekte Feuerungssysteme. Im Wasserbad-
Brennkessel zirkuliert Wasser in einer Doppelwandung

um das Destilliergut und erhitzt es indirekt und gleich-
mäßig – eine schonende, aber auch sehr zeitaufwendige
Methode. Gebräuchlicher ist daher die Destillation im
Wasserdampf. Der Trester wird dabei im Kessel auf einen
gelochten Einsatz oder auf Reisigbündel gebettet, die das
Ankochen und Verfestigen der feuchten Masse verhin-
dern und nach dem Brennen das jedesmal nötige Reini-
gen erleichtern. Wasserdampf wird von unten durch die
Trester geleitet, bringt den Alkohol zum Verdampfen und
löst zusätzlich die flüchtigen Aromaten aus den festen
Preßrückständen. Dank moderner Technik ist es nicht in
jedem Falle nötig, einen Tresterbrand zweifach zu brennen – moderne
Kupferbrennappa-
rate mit Verstärker-
kolonnen können
die Tresterbrände
in einem einzigen
Brennvorgang per-
fektionieren. Ein
technischer Fort-
schritt, der im End-
effekt aber keine
Auswirkungen auf
das Destillat hat:
Die Reintönigkeit
und Charakterfülle
liegt in der Hand
des Brennmeisters.

Riesling

Wie bei der Destil-
lation jede einzelne Aromakomponente in das Destillat
kommt – ein Duft nach Orange, ein Hauch Veilchen, ein
Geschmack nach Gewürzen oder Bitterschokolade –, welche genauen chemischen Vorgänge hierfür verantwortlich
sind, warum und wie sie ablaufen, ist bis heute ein Rätsel.
Manche anderen Einflußfaktoren auf die Qualität eines
Tresterbrandes, die vor der Destillation zum Tragen kom-

Gewürztraminer

men, lassen sich schon eher erklären: Spezifische Eigenschaften einer Rebsorte, ein früherer oder späterer Lesezeitpunkt, generelle klimatische Einflüsse und die Unwägbarkeiten eines jeden Jahrgangs, Mengenbegrenzung und andere Maßnahmen im Weinberg wie etwa die Art der Düngung, Feuchtigkeit und Zustand der Trester nach dem Abpressen des Weins, Methoden der Kelterung und Fermentation – all dies und mehr trägt dazu bei, den Charakter eines Brandes zu prägen.

Wie auch – last but not least – die Lagerung, die Harmonisierung und Reifung eines Destillats. Anders als andere Spirituosen besitzen Tresterbrände schon gleich nach der Destillation ein eigene, recht angenehme Handschrift. Sie müssen daher nur kurz gelagert werden, um Reife und Harmonie zu erlangen und ihre Aromen vollendet zur Geltung zu bringen. Diese Lagerung erfolgt meist traditionell in großen Glasballons, gelegentlich lassen Winzer ihre Tresterbrände auch in kleinen Edelstahlgebinden reifen. Der Vorteil beider Materialien: sie geben keinerlei Eigengeschmack und Farbe an die Brände ab. Nicht selten, häufiger vielleicht als in Italien üblich, werden Tresterbrände in Deutschland, Österreich und der Schweiz aber auch im Holzfaß ausgereift – hier erhalten sie Farbe und weitere Duft- und Geschmackskomponenten.

Länder, Menschen, Hochprozenter:

WEINBAULANDSCHAFTEN

Wenn man über Italien mit seiner Grappa hinausblickt, wird man feststellen, daß in vielen Ländern Tresterbrände hergestellt werden. Daß wir gerade Deutschland, Österreich und die Schweiz herausgreifen, hat Gründe: Da ist zum einen die gemeinsame Sprache und Kultur, inklusive der Weinkultur. Die Nachbarschaft in einer mehr oder weniger als Einheit zu verstehenden Klimazone. Oder auch der Umstand, daß sich der Trend zum Tresterbrand in allen drei Ländern in etwa gleichzeitig und unter ähnlichen Bedingungen vollzieht. Auch die Brände selbst, vergleicht man einmal Destillate unterschiedlicher Herkunft, lassen keine bestimmten »nationalspezifischen« Eigenschaften oder Trester-Typen erkennen. Anders als etwa bei Whisky – ein Scotch schmeckt deutlich anders als beispielsweise ein Bourbon – gibt es keine »typisch« deutschen, österreichischen oder schweizerischen Tresterbrände, deren »Nationalität« sich gar in einer Blindverkostung identifizieren ließe. Dennoch riechen und schmecken sie alles andere als »gleich«: Ihre »Gemeinsamkeit« besteht gerade darin, allesamt Individualisten zu sein.

Kein Wunder, schließlich ist auch dieses große Gebiet alles andere als homogen: Immerhin haben wir es mit insgesamt weit über dreißig Weinbauregionen zu tun, von denen jede eigene Traditionen und Spezialitäten aufweist. Ein schönes Beispiel dafür ist die österreichische Weinbauregion Steiermark mit ihren Tresterbränden vom Schilcher. Hier wächst die Rebsorte Blauer Wildbacher,

DIE WEINLANDSCHAFTEN
DEUTSCHLANDS

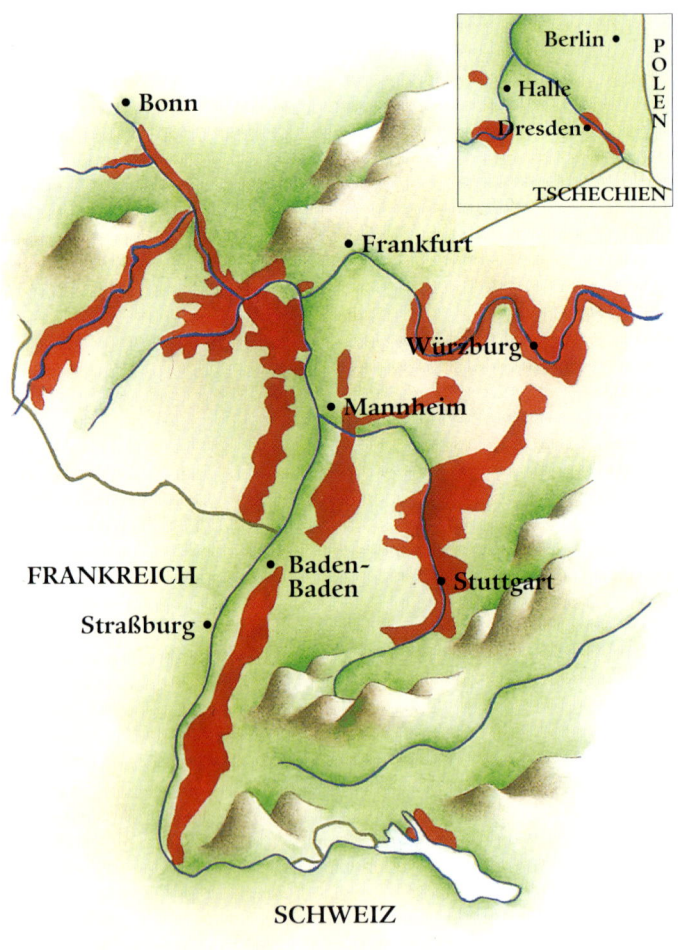

DIE WEINLANDSCHAFTEN
ÖSTERREICHS

die ihren Namen von einem kleinen Wildbach in der steirischen Gemarkung Deutschlandsberg haben soll, an dessen Ufern die Rebe wohl gezüchtet wurde. Aus der Blauen Wildbacher entsteht der Weintyp Schilcher, für den das sehr strenge österreichische Weingesetz Gebietsschutz vorsieht. Namentlich abgeleitet vom eigentümlich rosé-farbenen Schillern dieses nur kurz auf der Maische vergorenen Rotweins, dürfen als »Schilcher« nur Weine bezeichnet werden, die vollständig aus Blauer Wildbacher mit steirischer Herkunft gekeltert wurden. Ein Wein, der sich nicht anbiedert und daher nicht jedermanns Sache sein kann und will. »Heckenkletscher« oder »Rabiatperle« nennt man ihn anderenorts oft abschätzig, wobei man gelungenen Vertretern dieses frischen, duftig-zarten Weines

DIE WEINLANDSCHAFTEN
DER SCHWEIZ

mit fruchtig-trockenem Geschmack und kraftvoller Säurestruktur unrecht tut. Ein Wein mit Charakteristika, die
beste Voraussetzungen für das Brennen von runden, voll-
fruchtigen Destillaten bieten. Einige der schönsten Beispiele finden Sie in diesem Buch.
Auch andere regionale Spezialitäten wie die Tresterbrände
aus den weithin gerühmten Burgenländer Trockenbee-
renauslesen, aus den Gewürztraminern Frankens, den
Burgundern Badens, dem Rheingauer, Rheinpfälzer oder
Moselaner Riesling oder dem Dôle du Valais sind hier vertreten – Botschafter auch ihrer Weinbauregionen, die mit
diesen Bränden unserer Meinung nach würdig vertreten
werden.

HINWEISE FÜR DEN BENUTZER

und Danksagung

Die Aufgabe, Tresterbrände aus Deutschland, Österreich und der Schweiz in möglichst großer Vielfalt zu präsentieren, ist auf begrenztem Raum nicht lösbar, ohne auf viele Erzeuger und Brände zu verzichten, die qualitativ in diesen Guide »gehört« hätten. Wir sind uns der Subjektivität unserer Auswahl bewußt und freuen uns daher über Hinweise auf Versäumnisse oder Neuentdeckungen. Dennoch glauben wir, einen Großteil der Spitze aus der großen Zahl der Erzeuger »herausdestilliert« zu haben. Insofern würde es uns auch als anmaßend erscheinen, Bewertungen oder Noten in Form von »Sternen« oder »Punkten« zu vergeben; wir können alle vorgestellten Erzeuger und ihre Destillate nur wärmstens empfehlen. Alles andere ist Geschmackssache, was auch gelegentlich für die Fälle gilt, in denen wir unsere private Begeisterung über einen Brand zwischen den Zeilen oder auch deutlicher anklingen lassen.

Auch unsere Verkostungsnotizen sind zwangsläufig subjektiv und Ausdruck unseres persönlichen Eindrucks. Das Aroma einer Spirituose kann sich – chemisch betrachtet – aus Hunderten von Einzelkomponenten zusammensetzen. Welche davon als besonders prägnant empfunden werden, hängt von vielen Faktoren ab: von der Temperatur des Destillats und der Umgebung, von Tageszeit und Tagesform, von der individuellen Empfindsamkeit für bestimmte Düfte und vielem anderen mehr. Wir haben uns jedoch bemüht, in wenigen Zeilen den Grundcharakter jedes Brandes zusammenzufassen – wenn Sie auf der

Grundlage dieser Beschreibung weitere Nuancen entdek-
ken: um so besser!

Im folgenden »A bis Z der Trester« finden Sie in bunter
Folge Brände aus Deutschland, Österreich und der
Schweiz. Wenn Sie sich für eine bestimmte Gegend besonders interessieren, haben Sie schnellen Zugriff über
die im Adreßkopf abgebildete Nationalflagge und die daneben genannte Weinbauregion. Auf der Suche nach einem ganz bestimmten Weingut kann es vorkommen, daß
Sie es auf Anhieb nicht im »A bis Z« finden, obwohl es
vertreten ist – dies kann unter anderem daran liegen, daß
ein Erzeuger sowohl unter dem Namen seines Weingutes
als auch als Winzer unter seinem Familiennamen bekannt
ist; wir mußten uns in diesen Fällen für eine von beiden
Möglichkeiten entscheiden und verweisen auf das Regi-
ster, in dem Sie entsprechende Querverweise finden.
Die Bezeichnung eines Brandes, die wir vor der jeweiligen
Verkostungsnotiz angeben, orientiert sich in der Regel am
Etikett, wird aber gelegentlich ergänzt oder präzisiert – wir
haben uns bemüht, den Bränden sachlich gerecht zu werden, ohne auf Eigennamen oder regionaltypische Benen-
nungen zu verzichten. So kommt es nicht selten vor, daß
ein Tresterbrand als Trester, Treber oder Trebernbrand, in
der nicht zur Europäischen Union gehörenden Schweiz
als Grappa oder in Deutschland als Marc bezeichnet wird,
womit ein faßgelagerter Brand bezeichnet werden darf.

Zu jedem Destillat wird der Alkoholgehalt in Volumenprozent (%vol) angegeben sowie die Flaschengröße. Bei-
des kann bei Tresterbränden, weit mehr als bei Grappa,
stark variieren – Trester sind keine genormten Massen-
produkte, die für Supermarktregale konzipiert wurden,
sondern individuelle, oft sehr rare Brände, die auch entsprechend individuell abgefüllt werden. Aber gerade dies
gehört ja zum Reiz, den sie ausüben.

Wir hoffen, daß Sie diesen und andere Reize der Tresterbrände nachempfinden können und viele der von uns
präsentierten und empfohlenen Destillate nachverkosten

Lage am Altenahrer Eck

werden – auf Ihre eigene Art und mit Ihren ganz persönlichen Empfindungen und Ergebnissen. Und wir freuen uns, wenn Sie auf dieser Basis einen Qualitätsmaßstab gewinnen und eigene, ganz neue Entdeckungen machen können – die Sie uns mitteilen oder als Ihr ganz persönliches »Geheimnis« bewahren wollen.

An dieser Stelle möchten wir nicht versäumen, all den Erzeugern bzw. Importeuren zu danken, die Verkostungsproben zur Verfügung gestellt und uns mit Rat und Informationen zur Seite gestanden haben. Ohne sie wäre dieses Buch nicht möglich gewesen.

Bibiana und Axel Behrendt

TRESTER VON
A BIS Z

ABRIL

Weingut Abril
Talstraße 9
D-79235 Bischoffingen

Für seine soliden, häufig auch exzellenten Weine hochgeschätztes badisches Weingut, seit acht Generationen im Familienbesitz: Seit 1740 bauen die Abrils in Bischoffingen, am klimatisch begünstigten Kaiserstuhl, Wein an.

Derzeit ist Hans-Friedrich Abril Hausherr in dem mitten im Ort gelegenen pittoresken Fachwerkhaus aus dem Jahre 1803. Von dort aus bewirtschaftet er seine 6 Hektar der guten Lagen Bischoffinger Steinbuck, Enselberg, Rosenkranz und Schelinger Kirchberg, deren Böden aus steiniger Vulkanverwitterung mit Lößlehm zu je 30 Prozent mit den Sorten Spätburgunder und Grauburgunder, zu 15 Prozent mit Müller-Thurgau, zu 9 Prozent mit Silvaner, zu 6 Prozent mit Riesling sowie mit etwas Chardonnay und Scheurebe bestockt sind. Ein niedriger Durchschnittsertrag von 65 hl/ha und die konsequente Anwendung des integrierten Weinbaus sorgen für extraktreiche Weine, denen Kellermeister Abril einen eigenen Charakter zu verleihen versteht.

Neben dem Weinbau gilt das Interesse des Kaiserstühlers seiner hauseigenen Brennerei, wo er Jahrgangsbrände aus eigenem Trauben- und Obstgut destilliert. Seine fundierten Erfahrungen mit dem Ausbau von Rotwein in Barriques kommen auch den Destillaten zugute. Neben dem Wein vom Spätburgunder wird heute auch der zugehörige Tresterbrand in kleinen Fässern aus französischer Eiche gelagert. Über die Tresterbrände hinaus stehen derzeit ein Weinhefebrand des Jahrgangs 1990, ein Kirschwasser von 1994 sowie ein Wildkirschlikör zum Verkauf.

Die Destillate sind auf 45 Volumenprozent eingestellt –
ein Alkoholgehalt, der nach Überzeugung von Brenn-
und Kellermeister Abril den von der Landschaft geprägten
Charakter seiner Brände am besten zur Geltung bringt.

GEWÜRZTRAMINER
MARC 1988

Jahrgangsdestillat, in der
Hausbrennerei des Weingu-
tes gebrannt und in Glasballons harmonisiert
(45 %vol, 50 cl).

*Samtig-weiche Aromen nach
Nüssen, Kräutern und
Gräsern nehmen auf der Zunge
an Kraft und Würze zu, bis in
den warmen, freundlichen
Abgang.*

SPÄTBURGUNDER
MARC 1990

Rebsortenreiner Jahrgangs-
brand aus Spätburgunder-
Trestern nur von eigenen
Weinbergen, in kleinen
Fässern aus Eiche gelagert
(45 %vol, 70 cl).

*Goldfarbenes Destillat mit
vorweihnachtlicher Aromen-
fülle – Zimt, Vanille, Marzipan
und Walnuß (Türkischer
Honig?) sind würzig nuanciert
bis ins lange Finish.*

ADELMANN

Weingut Graf Adelmann
Burg Schaubeck
D-71711 Steinheim-Kleinbottwar

E ines der besten und wohl auch das bekannteste der Württemberger Weingüter mit Sitz in der romantischen Burg Schaubeck aus dem 13. Jahrhundert. Bis 1914 im Besitz der Freiherren von Brusselle, gingen Weinberge und Burg durch Erbschaft auf die gräfliche Familie Adelmann über, die ihren Vorgängern weiterhin Reverenz auf gut schwäbisch erweisen – die besten Weine kommen unter dem Namen »Brüssele« in den Handel, die allerbesten werden zur »Brüsseler Spitze« erklärt.

Der heutige Inhaber, Graf Michael Adelmann, läßt seine Professionalität und sein Talent in der Vermarktung nicht nur dem eigenen Besitz, sondern dem gesamten Württemberger Weinbau zukommen: Unermüdlich tritt er für hohe Qualität durch integrierten Weinbau und Ertragsbegrenzung ein, fördert neue Initiativen und wirft seine hohe Reputation für seine Kollegen in die Waagschale. Der gute Ruf, den Württembergs lange übersehene

Burg Schaubeck

Weine heute in der ganzen Welt genießen, ist auch auf die von Adelmann mit initiierten, von der Weinbauschule Weinsberg fachlich begleiteten Studien der HADES-Gruppe zurückzuführen. Diese Winzer haben Pionierarbeit im Weinausbau in neuen Eichenfässern geleistet und Rotweine geschaffen, deren geschmackliches Profil mit besten Weinen aus Burgund oder dem Bordelais mithalten kann. Kein Wunder also, wenn Adelmanns Eigengewächse mittlerweile Kultstatus genießen – die Qualität rechtfertigt in diesem Fall die (noch bezahlbaren) Preise.

Der überaus gastfreundliche Burgherr ist auf Besucher eingestellt. Da der gemütliche Verkostungsraum in der Burg sehr klein ist, empfiehlt sich jedoch vorherige telefonische Anmeldung.

TRAMINER
TRESTERSCHNAPS 1993

Aus nur schwach gepreßten Trestern von vollreifem Lesegut des roten Traminers, Jahrgang 1993; zweifach diskontinuierlich destilliert und 2 Jahre in neuen Fässern aus Allier-Eiche gelagert (42 %vol, 50 cl).

Goldener Brand mit sommerlich-hellem, fruchtwürzigem Aroma (Pfirsich, Aprikose, Kirsche, etwas Quitte) und harmonisch vollem Körper – hochadelig!

ASSMANNSHAUSEN

Staatsweingut Assmannshausen
Höllenbergstraße 10
D-65385 Rüdesheim-Assmannshausen

Nachweislich seit 1108 wird auf den fruchtbaren Hängen des Assmannshäuser Höllenbergs Wein angebaut – seit 1507 sind die Spätburgunderreben urkundlich belegt, auf die sich der Ruf des heutigen Staatsweingutes Assmannshausen gründet.

Seit 1866 Staatsdomäne, gehört Assmannshausen heute dem Bundesland Hessen, das den Weinbergsbesitz sukzessive auf nunmehr 23,5 Hektar erweitert hat und keine finanziellen Anstrengungen gescheut hat, um Kellerei und Wirtschaftsgebäude auf den modernsten Stand der Technik zu bringen.

Im Weinberg und bei der Vinifizierung allerdings sind nach wie vor klassische Tugenden gefragt: Naturnaher Weinbau und niedrige Erträge von 40 bis 50 hl/ha erbringen vollreifes, gesundes Traubengut, das von Hand gelesen, schonend gepreßt und schließlich in offener Maischegärung fermentiert wird, bevor die Lagerung in Eichenfässern beginnt. Neben den zartstoffigen, langlebigen Burgunder-

Der berühmte Holzfaßkeller von Assmannshausen

Rotweinen verfügt Assmannshausen noch über eine zweite Spezialität: Spätburgunder Weißherbste von lachsroter Färbung und erfrischendem Säurespiel. Geschätzte Raritäten sind die nur in besten Jahren erzeugten Rotwein-Auslesen sowie die Eisweine, die nach der winterlichen Lese auf der historischen Korbkelter gepreßt werden und die zu den begehrtesten Weinen auf den Auktionen im gleichfalls dem Land Hessen gehörenden Kloster Eberbach zählen.

Neben Weinen und Tresterbränden werden in Assmannshausen auch Winzer-Lagensekte vom Assmannshäuser Höllenberg sowie ein Hefebrand erzeugt.

SPÄTBURGUNDER TRESTERBRAND 1994

Sortenreines Destillat aus Spätburgunder des Lesejahres 1994, im Eichenfaß gelagert (39,5 %vol, 50 cl).

Gut strukturierter Brand, der seine Anziehungskraft aus der Kombination von Frische und cremig-weicher Würze gewinnt, die den herb-süßen Abgang schön abrundet.

AUVERNIER

Caves du Château d'Auvernier
Thierry Grosjean & Cie
CH-2012 Auvernier

I Im Schweizer Kanton Neuchâtel gelegenes Weingut mit Sitz im imposanten, 1559 erbauten Schloß von Auvernier. Als die Vorfahren der heute noch hier ansässigen Familie Grosjean 1603 den Herrensitz erwerben, gehören laut Kaufvertrag bereits 7 Hektar Rebland zu dem heute 53 Hektar umfassenden Besitz.

Kellerromantik

Schon zu damaliger Zeit hatten die Neuenburger Weine in Europa einen hervorragenden Namen, eine Tradition, die der heutige Kellermeister und Gutschef Thierry Grosjean besonders pflegt. Die kalkhaltigen Böden rund um Château d'Auvernier lassen sich geologisch mit denen Burgunds vergleichen, die etwas höhere Lage wird durch den Lac de Neuchâtel und sein mildes Seeklima ausgeglichen – weshalb die Burgunderrebsorten Pinot Gris, Pinot Noir und Chardonnay zu Thierry Grosjeans Lieblingen zählen. Der Chardonnay wird hier übrigens, wie im burgundischen Chablis, ohne Säureabbau vinifiziert und teilweise im Barrique ausgebaut.

Aus der Spätburgunderrebe Pinot Noir entstehen zwei unterschiedliche Weine: Der Rosé Œil de Perdrix wird direkt nach der Lese gekeltert, der klassische Pinot Noir dagegen auf der Maische vergoren, die  gleichzeitig die Grundlage für den Marc des Châteaus darstellt.

Daneben läßt Thierry Grosjean auch einen Hefe- und einen Pflaumenbrand destillieren – sein Motto: »Destillate erwärmen das Herz, wie es auch der Wein und die Dichtung tun.«

MARC DU CHÂTEAU D'AUVERNIER

Rebsortenreines Destillat aus Pinot Noir, doppelt destilliert, im Eichenfaß gelagert (42 %vol, 70 cl).

Opulenter Marc mit weichem, durch kräftige Sekundäraromen leicht dumpf wirkendem Bukett und reifem, sehr intensiv würzigem Körper.

BACHTOBEL

Weingut Schloß Bachtobel
Hans Ulrich Kesselring
CH-8561 Ottoberg

Schloßgut im Schweizer Kanton Thurgau. 1294 wurde erstmals eine Burg an der Stelle des heutigen herrschaftlichen Hauses erwähnt, wenig später auch der Weinbau. 1984 erwarb der Thurgauer Landrichter Johannes Ulrich Kesselring das mittlerweile zum Schloß ausgebaute Landgut und erweiterte die Weinbergsanlagen und die Kellerei. Heute ist sein Nachfahre Hans Ulrich Kesselring Herr auf Schloß Bachtobel und gehört zu den engagiertesten Winzern der Schweiz.

Anders als viele Kollegen in der mehr für ihr Obst denn für den Weinbau gerühmten, wiewohl an Baden grenzenden Region gibt sich der Herr auf Schloß Bachtobel nicht mit der Produktion von zwar süffigen, aber einfach strukturierten Weinen zufrieden.

Auf seinen 5,3 Hektar Weingarten am Ottoberg, die er nach umweltschonenden Prinzipien bearbeitet, ist vornehmlich Blauburgunder ausgepflanzt. Seit über zehn Jahren experimentiert Hans Ulrich Kesselring mit seinem roten Traubengut.

Derzeit werden vier unterschiedliche Weintypen produziert, die die Bandbreite und den Variationsreichtum modernen Weinbaus anschaulich widerspiegeln. Der Ausbau im Holz und dessen Auswirkungen auf den Wein interessieren Hans Ulrich Kesselring besonders – Barriques und speziell angefertigte Fässer mit einem Inhalt von 800 Litern dominieren den Holzfaßkeller. Daneben entstehen Weißweine aus Riesling x Sylvaner, Grauburgunder sowie etwas Chardonnay und Riesling. Der Marc des Schloßgutes Bachtobel wird in einer über hundert Jahre alten

Hafenbrennerei mit zwei voneinander unabhängigen Brennkesseln destilliert.

Im ersten Schritt ensteht der Rauh- oder Lutterbrand, der im zweiten Brenner dann zu einem Feinbrand ausdestilliert wird. Die Lagerung erfolgt – anders als bei den Weinen, die in Fässern aus Vogesen-Eiche reifen – in grobporigeren Fässern aus Limousin-Eiche.

MARC SCHLOSSGUT BACHTOBEL

Sortenreines Destillat aus Blauburgundertrestern, doppelt destilliert, Cuvée aus Marcs mehrerer Jahrgänge (42 %vol, 70 cl).

An jungen, noch sehr fruchtigen Cognac erinnert dieser Marc mit seinem würzig auffrischenden, traubigen Duft und dem weinigen, freundlichen Finish.

BAUMANN

Weingut Ruedi Baumann
Unterdorf 117
CH-8216 Oberhallau

Elan, Energie und die realistische Einschätzung des Machbaren haben Ruedi Baumann zu einem Schrittmacher der deutschsprachigen Ostschweiz werden lassen. In seinem 7 Hektar großen Weingut im zum Kanton Schaffhausen gehörenden Teil des badisch-schweizerischen Klettgau sind die Böden dank hohem Lehm- und Tongehalt sehr fruchtbar – was vom Winzer Disziplin und konsequenten Verzicht auf Mengenerträge fordert, um dem Wein Ausdrucksstärke und Charakter zu bewahren. Denn anders als viele seiner Nachbarn, die vom Verkauf möglichst großer Mengen Traubengutes an Kellereien leben, keltert Ruedi Baumann selbst und steht mit seinem Namen hinter der Qualität seiner Erzeugnisse. Bereits im Winter muß sich der agile Winzer entscheiden, wie stark er mit dem ersten Rebschnitt den Ertrag reduziert. Ein Vabanquespiel – wer weiß schon, wie die Rebblüte verlaufen wird?

Ein Risiko, das der Winzer dennoch mit Recht eingeht, wie seine hochwertigen Weine immer wieder beweisen. Über 80 Prozent seiner Weinberge sind mit blauem Spätburgunder bestockt, aus dem er mehrere auf der Maische vergorene Rotweine erzeugt. Etwa einen frisch-fruchtigen Rosé, den mittelschweren Beerli, eine kraftvolle Auslese oder auch Besonderheiten wie den Blauburgunder Classique im Barrique-Ausbau und eine Trockenbeerenauslese, die aus luftgetrockneten Trauben als Blanc de noir mit natürlicher Restsüße entsteht.

Eine Spezialität des Weingutes ist der »Federweiße«, ein Weißwein, der aus direkt nach der Lese gekelterten Blau-

burgundertrauben entsteht. Dieser »Blanc de noir« vereint die sortentypische Kraft und Weichheit seiner roten Rebsorte mit der Spritzigkeit eines Weißweines – eine gelungene Kombination.

Kleine Mengen Riesling x Silvaner und ein im Edelstahl ausgebauter erfrischender Chardonnay runden seine Weinpalette ab. Daneben verarbeitet Ruedi Baumann das Obst der kleinen, zum Weingut gehörenden Streuobstwiesen zu weichen Obstdestillaten aus Gravensteiner, Golden Delicious, Kirschen, Mirabellen und Williamsbirnen und destilliert die Hefe seiner Spätburgunder.

BAUMANN'S MARC 1990

Jahrgangs-Cuvée aus Trestern vom eigenen Weingut, feingebrannt und mehrere Jahre im Glasballon harmonisiert (45 %vol, 50 cl).

An die durch erdige Nuß- und Grasaromen geprägten Nebbiolo-Grappe des Piemont erinnernder Brand mit weinig-erfrischendem Würzton.

BECKER

Weingut Friedrich Becker
Hauptstraße 29
D-76889 Schweigen

Im südlichsten Dorf der Rheinpfalz, direkt an der Grenze zum Elsaß gelegenes Weingut des qualitätsbewußten Winzers Friedrich Becker. Mehr als die Hälfte seines 12,5 Hektar großen Weinbergsbesitzes liegt im Elsaß – mit der Folge, daß Becker auf dem Weg in seinen Weinberg den (allerdings nicht mehr bewachten) Grenzübergang am Schweigener Weintor, dem imposanten Ende der Deutschen Weinstraße, passieren muß.

Daß er seinen im Elsaß angebauten, hochklassigen Pinot Noir nicht als »Vin d'Alsace AOC« verkaufen darf, liegt an der im fernen Paris ausgeheckten französischen Weinbaupolitik: Die kleinen Top-Lagen im »Sequesterland« zwischen dem französischen Wissembourg und dem deutschen Schweigen wurden kurzerhand zu »Tafelweingebieten« herabgestuft.

Dem Pfälzer blieb nur die Chance, eine Sonderregelung im deutschen Weinbaugesetz zu nutzen, die es ihm erlaubt, die im Elsaß gewachsenen Weine nominell der Lage Schweigener Sonnenberg zuzuordnen und nach deutschem Recht zu keltern und auszubauen.

Den Rieslingspezialisten des nördlicher gelegenen Top-Gebietes der Rheinpfalz, der Region Mittelhaardt-Deutsche Weinstraße, will Friedrich Becker dabei keine Konkurrenz machen – obgleich 20 Prozent seiner Rebhänge mit Riesling bestockt sind, gilt seine Neigung vor allem den wärmeliebenden, eleganten Burgunderreben.

Auch bei der Vinifizierung sind französische Einflüsse spürbar, sind die Rebensäfte völlig durchgegoren, werden Rotweine traditionsbewußt in großen Holzfässern oder experimentell im Barrique ausgebaut. Wo so viel Konsequenz im Qualitätsstreben herrscht, wundert die Klasse der Beckerschen Tresterbrände nicht, die dem italophilen Slow-Food-Weltweinführer als »untrügliche Anzeichen südländischer Lebenskultur« auffielen. Ein Urteil, dem wir uns gerne anschließen.

WEINTRESTERBRAND AUS BURGUNDER 1989

Trester-Cuvée aus Grau-, Weiß- und Spätburgunder, im Holzfaß ausgebaut, unsere Probe aus Los Nr. 89 (43 %vol, 70 cl).

Vorfreude auf Weihnachten entsteht beim Genuß dieses hellgoldenen Brandes: würzigwarmes Aroma (Marzipan, Pflaume, Zimt) und weinigausgewogener Körper.

WEINTRESTERBRAND AUS GEWÜRZ-TRAMINER 1992

Sortenreines Destillat aus der Aromasorte Gewürztraminer, im Glasballon harmonisiert; unsere Probe aus Los Nr. 92 (43 %vol, 70 cl).

Gelungener Gewürztraminer-Trester – im Duft Zitrusnoten, gepaart mit Blüten, am Gaumen Würze mit leichter Süße.

BERGSTRASSE

Staatsweingut Bergstraße
Grieselstraße 34–36
D-64625 Bensheim

K ontinuität und Traditionsbewußtsein zeichnen das kleine, im Besitz des Bundeslands Hessen befindliche Weingut im Weinbaugebiet Hessische Bergstraße aus. Ganz im Geist seiner Vorgänger, seines Großvaters und eines Onkels, leitet heute Gutsdirektor Heinrich Hillenbrand die rund 35 Hektar große Domäne.

Verwaltungstechnisch gehört sie zum renommierten Kloster Eberbach, arbeitet aber eigenverantwortlich und genießt einen ausgezeichneten Ruf unter deutschen Weinjournalisten und Kennern. Neben den Rebhängen in den Lagen Bensheimer Kalkgasse und Streichling sowie der Steillage Heppenheimer Steinkopf befinden sich die Lagen Heppenheimer Centgericht und Schönberger Herrnwingert im Alleinbesitz. Auf dem für die Hessische Bergstraße typischen Lößlehm- und Granitverwitterungsboden und vom mildesten Klima Deutschlands profitierend, entstehen hier kraftvoll-saftige Weine, die allerdings in warmen Sommern manchmal etwas zu deftig geraten können.

Die starke Hinwendung zu naturnahem Weinbau mit Dauerbegrünung, Querterrassierung und integriertem Pflanzenschutz setzt die alte Tradition des ehemals großherzoglich Hessen-Darmstädtischen Musterweingutes fort. Der Schwerpunkt liegt hier auf Riesling (drei Viertel der Anbaufläche), daneben sind Burgundersorten sowie Müller-Thurgau, Gewürztraminer und Scheurebe ausgepflanzt.

Zwei Drittel aller Weine werden trocken ausgebaut, bis hin zur Riesling Auslese und einem Domänensekt. Vor kurzem wurde die Palette der Destillate um zwei im Eichenfaß gelagerte Weinbrände aus Gewürztraminer und Weißburgunder erweitert sowie eine moderne Vinothek eröffnet, in der interessierte Kunden vor Ort verkosten können.

GOLDEN TRESTERBRAND

Trester-Cuvée aus Traubengut von eigenen Weinbergen, nach der Destillation im Holzfaß ausgereift (42 %vol, 50 cl).

Weißwein-helles Destillat, dessen Duft nach Kaffee, Vanille, Marzipan und Gewürzen von einem freundlichen, eleganten Geschmack ergänzt wird.

BÖCKL

Franz und Karin Böckl
Franz-Mair-Straße 5–7
A-2232 Deutsch-Wagram

Franz und Karin Böckl besitzen kein Weingut, sondern nur ein landwirtschaftliches Mischgut mit etwas Weinbau. Anders als nahezu alle anderen in diesem Buch vertretenen Erzeuger findet man sie in keinem Weinführer, können sie nicht mit Auszeichnungen für ihre Weine glänzen. Im Bereich ihrer Brände ist das ganz anders: Die Feindestillerie Böckl im österreichischen, zur Weinbauregion Weinviertel gehörenden Deutsch-Wagram gehört nicht nur zu den besten Brennereien der Alpenrepublik, ihre hochfeinen Hochprozenter zählen sicherlich zu den edelsten in der Welt der Feintrinker.

Bei zahlreichen Wettbewerben gewannen die Destillate des Brennerpaares erste Preise, mehrfach konnte der Titel »Schnapsbrenner des Jahres« der internationalen Spirituosenfachmesse DESTILLATA für die Brennerei mit den meisten ausgezeichneten Bränden mit nach Hause genommen werden.

Dem Gault Millau Österreich waren die Böcklschen Destillate in mehreren Jahren hohe 17/20 Punkte wert, 1991 wurde ihnen der »Österreichische Agrarmarketing-Preis« verliehen. Seit 1877 besteht das Gut im östlich von Wien gelegenen, zu Niederösterreich gehörenden Marchfeld, doch erst seit 1988 gehört eine Brennerei dazu.

Der Erfolg stellte sich schneller ein als erhofft, was Franz und Karin Böckl aber nicht dazu verleiten kann, sich auf ihren Lorbeeren auszuruhen: »Bessere Qualität ist immer noch drin, man lernt ja aus jedem Ergebnis wieder etwas fürs nächste Jahr.« Kaum dazulernen müssen die beiden allerdings, wenn es um die Destillation besonders milder, runder Bränd geht. Ihre jüngste Kreation ist übrigens ein österreichischer Whisky – neben Obst und Wein gedeiht eben vor allem Getreide im fruchtbaren Marchfeld.

TREBERNBRAND
MUSKAT OTTONEL

Rebsortenreiner Tresterbrand aus der Weinvierteler Muskateller-Spezialität Muskat-Ottonel (42,5 %vol, 50 cl).

Feinfruchtiges, sanftes Destillat mit intensiv würzigem Muskatelleraroma über saftiger Frucht, am Gaumen ein Kraftpaket bis in den nachhaltigen Abgang. Weitere Brände: Obstdestillate aus Birnen, Äpfeln, Himbeeren, Zwetschgen, Marillen, Pfirsichen, Nektarinen, Kirschen, Mirabellen, Johannisbeeren, Heidelbeeren, Vogelbeeren; Weinbrände; Austrian Rye, Barley und Oat.

BÖTTCHEHOF

Helga, Erich und Frank Küchlin
Basler Straße 76a
D-79227 Schallstadt-Wolfenweier

Das beste Ausgangsmaterial ist für den Schnaps gerade gut genug« – für das Brennergespann Vater Erich und Sohn Frank Küchlin ist diese qualitätsorientierte Devise Grundlage ihrer erfolgreichen Arbeit im Wein- und Obstgarten, im Gärungskeller wie in der Brennerei. Dabei verfügen die Küchlins über zwei Brennrechte à 300 Liter, so daß an manchen Wochenenden der Destillationsapparat im pittoresken Böttchehof mitten im sonnenverwöhnten Markgräflerland nicht stillsteht.

Dann sind auch Besucher erwünscht, die nicht nur zu einer anschaulichen Lektion in Sachen Hochprozenter kommen, sondern auf dem hier veranstalteten Bauernmarkt direkt ab Hof einkaufen können. Mutter Helga öffnet zudem die gemütliche Schenke, wo sowohl die Weine als auch die immer wieder bei Qualitätswettbewerben ausgezeichneten Destillate zu genießen sind.

»Ein Brand kann nur so gut sein wie das schwächste Glied in der Destillier-Kette«, sagt Brennmeister Küchlin überzeugt und verweist auf erstklassige Rohstoffe, auf Gärung bei Niedrigtemperatur, auf doppelte Destillation im Wasserbad-Brennapparat, wobei die Hygiene bei allen Schritten im Vordergrund steht.

Die so entstandenen Destillate werden, noch hochprozentig, in Steingutgefäßen oder in Eichenfässern gelagert, bevor sie vorsichtig auf Trinkstärke herabgesetzt und filtriert werden. Ein Konzept, das aufgeht.

GEWÜRZTRAMINER WEINTRESTER

Sortenreines Destillat aus Gewürztraminer, im Glasballon harmonisiert (43 %vol, 70 cl).

🍷 *Sortentypisches, sehr gelungenes Destillat mit weichem Traubenaroma und zartbitterer Süße.*

GEWÜRZTRAMINER WEINTRESTER

Sortenreines Destillat aus der aromaintensiven Rebsorte Gewürztraminer, im Eichenfaß gelagert (43 %vol, 50 cl).

🍷 *Hellgolden, von Gewürz- und Zitrusaromen bestimmt – weich, reif, rund, mit reichem Orangengeschmack am Gaumen. Wunderschön!*

BREUER

Weingut Georg Breuer
Geisenheimer Straße 9
D-65385 Rüdesheim

E in »kühler Visionär« sei er, »Aufsteiger des Jahres in Deutschland«, »einer der Kreativsten der Weinwelt« – die Einschätzung etwa der Zeitschrift »essen & trinken«, des Gault Millau Weinguide 1996 oder des »Harrods Book of Fine Wines« wird von Weinpapst Hugh Johnson geteilt: Bernhard Breuer, zusammen mit Bruder Heinrich heute Inhaber des Rheingauer Weingutes Georg Breuer, ist für ihn der »Schrittmacher des Rheingaus«.

Seine Weine sind renommiert für ihr eigenständiges Profil, das quasi wie am Reißbrett zuerst im Kopf des früheren Weinhändlers entsteht, bevor die erstklassigen, von Heinrich Breuer bebauten Lagen wie Rüdesheimer Berg Schloßberg, Berg Rottland oder Rauenthaler Nonnenberg das Traubengut liefern, das der Entdeckungsreisende in Sachen Wein zur Umsetzung seiner Ideen braucht.

Eine kaum noch überschaubare Zahl von Auszeichnungen im Verlauf der letzten Jahre gibt den Brüdern heute recht – der Beginn ihrer Winzerkarriere nach der Übernahme des seit der Jahrhundertwende im Familienbesitz befindlichen Gutes von Vater Georg Breuer litt dagegen unter dem Stigma der geographischen Nähe zur Rüdesheimer Drosselgasse, dem Synonym für anspruchslose Feuchtfröhlichkeit.

Bernhard Breuer

Nur konsequent, daß die Breuers eine Möglichkeit zur Abgrenzung suchten – die Gründung der Vereinigung Charta und die Mitgliedschaft im Deutschen Barrique-Forum wie auch im Verband der Prädikatsweingüter schafften die nötige Bühne, um die Qualität ihrer Weine erst bekannt zu machen.

Ebenfalls hochklassig: der Marc vom Riesling aus Trestern der Spitzenlage Rüdesheimer Berg, nach traditioneller Art des Burgund destilliert und ausgebaut. Er ist leider nur in Kleinstmengen verfügbar.

MARC VOM RIESLING 1991

Herzstückdestillat, einmal im diskontinuierlichen Brennapparat aus säurebetonten Riesling-Trestern gebrannt, im Cognacfaß zwischen 2 und 3 Jahren gelagert (40 %vol, 50 cl).

Ein Verführer – er gefällt durch seine hellblonde Farbe, die frische, weinige Nase mit einigen tiefen Holztönen und durch elegante Kraftentwicklung mit appetitanregenden Aspekten.

BRÜNDLMAYER

Weingut Willi Bründlmayer
Zwettlerstraße 23
A-3550 Langenlois

Am Kreuzungspunkt von Kamp- und Donautal, in den Hügeln von Langenlois, liegen die 45 Hektar terrassierter Rebhänge des seit 1650 im Familienbesitz befindlichen Weingutes Bründlmayer. Senior Wilhelm, erfolgreicher Weinbau-Erneuerer, übergab 1980 an Sohn Willi, dessen Weine heute zu den besten Österreichs gehören. Moderne, dabei klar strukturierte Weine sind Resultat bester Voraussetzungen und neuartiger Ideen, die mit viel Sachverstand umgesetzt werden. Beim Brennen liebt es Willi Bründlmayer traditionell: erstklassiges Ausgangsmaterial wird im 140-Liter-Kupferkessel doppelt gebrannt und bekommt ausreichend Zeit zum Harmonisieren. Man schmeckt's ...

TREBERNBRAND 1991

Jahrgangsbrand aus nur leicht ausgepreßten Trestern der Rotweinsorten Cabernet Sauvignon, Merlot und Blauburgunder vom eigenen Weingut, doppelt diskontinuierlich destilliert und mehrere Jahre im Eichenfaß gelagert (42 %vol, 70 cl).

Elegante Harmonie bestimmt diesen bezaubernden Brand mit appetitanregendem Apfelkuchen-Duft, der sich im Mund sehr voluminös präsentiert, mit langem, gewürzbetontem Abgang.

BUHL

Frank John Weingut Reichsrat von Buhl
Weinstraße 16–18
D-67146 Deidesheim

Nicht zu Unrecht bezeichnet sich das Rheinpfälzer Weingut Reichsrat von Buhl als »Flaggschiff Deutscher Weinkultur«, zählt es doch gemeinsam mit Bürklin-Wolf und Bassermann-Jordan zu den drei als die »Großen B« bezeichneten Weingütern der Region Mittelhaardt-Deutsche Weinstraße, die jahrzehntelang beispielhaft für den guten Ruf des Pfälzischen Rieslings standen.

Die ökonomischen Schwierigkeiten des Renommiergutes von Buhl in den achtziger Jahren hatten allerdings auch ihre önologischen Auswirkungen – erst die Verpachtung des Gutes an ein Konsortium japanischer Weinimporteu-

Aus den Weinbergen von F·P·BUHL·DEIDESHEIM·

re brachte 1989 die Wende. Millionen wurden in Keller und Weinberge investiert, und zusammen mit dem fähigen Gutsleiter Stefan Weber und seinem innovativen Kellermeister Frank John wurde ein Team zusammengeschweißt, das das heute 57 Hektar umfassende Gut unaufhaltsam wieder an die Spitze bringt.

Dabei können sich beide auf ausgezeichnete Weinlagen stützen, deren Namen dem Kenner auf der Zunge zergehen: Freundstück, Kirchenstück, Jesuitengarten, Pechstein, Musenhang und Stift in Forst, Kieselberg, Leinhöhle, Mäushöhle oder Paradiesgarten in Deidesheim, Luginsland in Wachenheim sowie die Ruppertsberger

Lagen Reiterpfad und Linsenbusch, die zu 92 Prozent mit Riesling bestockt sind.

Daneben werden kleinere Mengen Spätburgunder, Scheurebe und Portugieser angebaut. Kellermeister Frank John ist zudem im Besitz eines Brennrechtes, das ihm die Destillation der Buhlschen Trester erlaubt. Der so entstandene Brand wird zwar unter dem Namen von Frank John geführt, aber als Hausbrand des Weingutes von Buhl vermarktet.

TRESTERBRAND
VOM SPÄTBURGUNDER 1992

Rebsortenreiner Trester aus gesunden Spätburgundertrauben des Jahrganges 1992 (100 Grad Öchsle), einfach in einer direktbeheizten Brennblase bei Niedrigtemperatur gebrannt, ohne Kühlung und Filtration mit Vogesen-Quellwasser auf Trinkstärke herabgesetzt (45 %vol, 50 cl).

Verschlossen-männlicher Brand mit dezentem Fruchtaroma und weichem, muskulösem Körper. Bittersüß und stoffig.

BUSCH

Weingut Clemens Busch
Im Wingert 39
D-56862 Pünderich

K lassisch-trockene Moselaner Rieslinge sind die Spezialität des Weingutes Busch – keine leichte Aufgabe angesichts des nicht unbedingt von der Sonne verwöhnten Klimas im Moseltal. Zumal sich Clemens Busch dem ökologischen Weinbau verschrieben hat, der wegen des Verzichts auf Spritzmittel im Weinberg zur Stabilisierung der Weine besondere Sorgfalt bei der schon den Römern bekannten Schwefelung verlangt – ein kellertechnischer Kunstgriff, den Clemens Busch als einer von wenigen Ökowinzern mittlerweile perfekt beherrscht.

Auch beim Ausbau nutzt er traditionelle Erkenntnisse und Fertigkeiten: So ließ er seinen neuen Keller als Gewölbekeller bauen, die Fermentation und Reife der Weine findet in Holzfudern statt. Das Ergebnis erfreut mit harmonischen Weinen von langer Haltbarkeit, denen der Winzer Zeit zur Reife ließ – die auch der Weinfreund ihnen gewähren sollte. Neben vollkommen durchgegorenen Weinen erzeugt Clemens Busch seit einigen Jahren auch halbtrockene Weine – aus der Erkenntnis heraus, daß selbst kraftvolle, extraktreiche Weine in trockener Ausbauart nach etwa zehn Jahren anfangen, abzubauen. Hier hilft natürliche Fruchtsüße, das Gleichgewicht eines solchen Kraftpakets auch noch nach Jahren zu bewahren, und macht diese Weine von Clemens Busch zu aussichtsreichen Kandidaten für lange Lagerung.

Aus den auf schiefergründigen Steilhanglagen gewachsenen Riesling- und Spätburgundertrauben entstehen die Tresterbrände des Weingutes, daneben werden ein Weinhefebrand und verschiedene Obstbrände destilliert.

TRESTER
AUS RIESLING

Aus den vergorenen Schalen der besten Rieslingtrauben destilliert, im kleinen Eichenfaß ausgereift (40 %vol, 50 cl).

Sehr komplexer Brand mit schöner Farbe; die elegante Fruchtnase wird durch staubtrockene Holznoten akzentuiert, die leicht adstringierend auch das durch grünen Paprika und Pfeffer bestimmte Geschmackserlebnis bestimmen.

SPÄTBURGUNDER-
TRESTER

Aus Spätburgunderschalen der Spitzenlage Pündericher Marienburg rebsortenrein destilliert und im kleinen Eichenfaß ausgereift (40 %vol, 50 cl).

Hellgoldener Sommerbrand – leicht süß, durch »gelbe« Fruchtaromen (Mango, Birne, Melone, Banane) bestimmt und durch Kräuter abgerundet; erfrischend, mit zunehmender Kraft bis ins Finish.

BUSCHER

Weingut Jean Buscher
Wormser Straße 4
D-67595 Bechtheim

Über 150 Jahre ist das im rheinhessischen Bechtheim gelegene Weingut Jean Buscher schon alt – dennoch befindet sich der heutige Chef des Hauses, Michael Buscher, auf der Höhe der Zeit. Sein erfolgreiches Konzept: Moderne Weine harmonieren mit moderner Kunst, regen Kunstinteressenten und Weinliebhaber gleichermaßen an. Künstleretiketten, Kunst in der Kelterhalle und regelmäßige Ausstellungen sind augenfällige Attraktionen, solide gemachte Weine das Rückgrat des Erfolges.

Aus guten Lagen stammend, mit niedrigen Erträgen, von Hand entrappt und in traditionellen Holzfässern ausgebaut, präsentieren sich die Weine kräftig, mit harmonischem Säurespiel und von angenehmer Art.

TRESTER BRANNTWEIN VOM RIESLING

Rebsortenreiner Brand aus von Hand entrappten, nur wenig gepreßten Rieslingschalen, im Glasballon ausgereift (40 %vol, 70 cl).

 *Originelles Bukett (Rauchnoten, Salz, Rebholz) und leichter, dezent süßer Geschmack prägen dieses Destillat mit elegantem Abgang.*

CASTELL

Fürstlich Castell'sches Domänenamt
D-97355 Castell

Seit 816 ist der Ort Castell am fränkischen Steigerwald bekannt, seit 1258 wird nachweislich in den klimatisch begünstigten Weinbergen rund um das malerische Fürstenstädtchen Weinbau betrieben. Hier wurde vermutlich der erste Silvaner Frankens gepflanzt, wie eine Urkunde aus dem Jahre 1659 belegt, die im Familienarchiv der Fürsten zu Castell aufbewahrt wird.

In 26. Generation besitzt Fürst Albrecht das renommierte Weingut, das von seinem Cousin, dem Grafen Wolfgang

Weinberge um Castell

zu Castell, geleitet wird. Eine lange Tradition, die verpflichtet: Die hier erzeugten Weine sind von solider, in den letzten Jahren immer häufiger von herausragender Quali-tät, wobei besonders der konsequent strukturierte Silvaner, der ausdrucksstark-fruchtige Rieslaner und die aromatisch-würzigen Müller-Thurgaus gefallen.

Bei der Vinifizierung verzichten der innovative Graf Castell und Kellermeister Eduard Krammer nicht auf moderne Kellertechnik, experimentieren zudem mit naturnahem Anbau, der behutsam in den heutzutage technisch immer besser handhabbaren ökologischen Weinbau münden soll.

Neben den Weinen des Domänenamtes zeichnet Graf Castell auch für die Weine der 1973 gegründeten Erzeugergemeinschaft Castell e.V. verantwortlich, die neben der Stärkung des Weingebietes Steigerwald vor allem die Situation der Nebenerwerbswinzer im Steigerwald sichern soll.

Das Domänenamt ist Mitglied im Verband Deutscher Prädikatsweingüter und im Naturland-Verband für naturgemäßen Landbau. Im zum Gut gehörenden fränkischen Spezialitäten-Restaurant »Weinstall«, dem früheren Pferdestall des Schlosses von Castell, sowie in der Weinprobierstube können neben den Weinen auch die Trester- und Obstbrände des Domänenamtes verkostet werden, die seit 1950 in der eigenen Destillerie gebrannt werden.

TRESTER BRAND 1989

Aus Trestern des vollreifen, gesunden Traubengutes des Jahrgangs 1989 in einer Verstärker-Brennanlage mit Dampfbefeuerung gebrannt, 5 Jahre in 60-Liter-Eichenfässern ausgebaut; unsere Probe aus Los 5/1995 (40 %vol, 70 cl).

Goldfarbener Brand mit einem ungewöhnlichen Aromaspaziergang vom sommerlichen Blumengarten ins herbstliche Unterholz. Geschmacksnuancen von Waldhonig und Kraft im Nachklang.

CLÜSSERATH–WEILER

**Weingut-Destillerie
Helmut Clüsserath-Weiler
D-54349 Trittenheim/Mosel**

I m »Haus an der Brücke« im hübschen Moselstädtchen Trittenheim hat die Weingut-Destillerie Clüsserath-Weiler seit Generationen ihren Sitz. Der Großvater des heutigen Besitzers war ein Pionier der Weinvermarktung in Flaschen – der Überlieferung nach waren seine Weine so gut wie die in den letzten Jahren regelmäßig bei Wettbewerben in vorderster Reihe stehenden Rebensäfte seines Enkels Helmut Clüsserath.

Seine bemerkenswerten Kreszenzen haben dem 3,5 Hektar großen Weingut – mit Rieslingrebhängen in der Trittenheimer Apotheke, dem Altärchen sowie den Lagen Mehringer Zeller und Mehringer Blattenberg – in die erste Reihe der deutschen Spitzenweingüter und in die Top 100 der Zeitschrift »DM« verholfen.

Trotz intensiver Arbeit an der Qualität ihrer Weine bleibt Helmut und Hilde Clüsserath immer noch ein wenig Zeit

für je ein »Hobby«: Während in seiner Destillerie etwa 10000 Flaschen Destillat pro Jahr entstehen, kümmert sie sich zusammen mit Tochter Verena um das romantische Gästehaus an der Moselpromenade. Der Besuch lohnt.

TRESTERBRAND
VOM RIESLING 1991

Rebsortenreiner Jahrgangsbrand aus Riesling-Trestern,
5 Jahre im Holzfaß gereift
(43 %vol, 50 cl).

*Hellgolden, kräutertönig mit
sich langsam entwickelnden
Nußaromen, am Gaumen weinig,
würzig, rund, komplex – sehr
gelungen!*

TRESTER
VOM RIESLING 1991

Aus der alten Hausbrennerei
von Clüsserath-Weiler,
rebsortenreiner Tresterbrand,
im Holzfaß gereift
(40 %vol, 70 cl).

*Eher leicht wirkendes Destillat
mit frisch-fruchtigen, sortentypischen Aromen: Aprikose,
Pfirsich, Marillen, in der Folge
viel Körper und Kraft.*

DEPPISCH

Weingut Josef Deppisch
An der Röthe 2
D-97837 Erbenbach

Ein alteingesessenes Weingut mit Hotel im Herzen des Frankenlandes – seit 1988 betreibt der Weinbauingenieur Johannes Deppisch das seit 120 Jahren im Familienbesitz befindliche Gut mit seinem erstklassigen Rebhangbesitz in den Lagen Erlenbacher Krähenschnabel und

Homberger Kallmuth. Moderne An- und Ausbaumethoden gehören für den Geisenheim-Absolventen ebenso selbstverständlich zu seiner Arbeit wie die von Tradition und Geduld geprägte Atmosphäre im über 400 Jahre alten Holzfaßkeller – eine Philosophie, die sich auf die Edelbrände des Weingutes überträgt, die aus regionalem Obst und eigenen Trestern dreifach gebrannt und schließlich handversiegelt werden.

FRÄNKISCHER TRESTER VOM RIESLING

Rebsortenreiner Frankenbrand aus schonend gepreßten und frisch destillierten Trestern, dreifach destilliert (40 %vol, 50 cl).

Ein ausgeprägter Individualist: auf den ersten Blick zurückhaltend, dann eine ungewöhnliche, herb männliche Aromastruktur, am Gaumen durch würzige Süße abgerundet – interessant!

DEUTZERHOF

Weingut Deutzerhof Coßmann-Hehle
D-53508 Mayschloß

Seit über 400 Jahren befindet sich das 7 Hektar große Weingut Deutzerhof im Familienbesitz der Coßmanns, doch erst die Heirat von Werner Hehle 1980 mit Erbin Hella Coßmann bescherte dem Gut einen Kellermeister, der es verstand, unter den gegebenen günstigen Voraussetzungen auch entsprechend große Weine zu keltern. Mehrfach wird im Weinberg selektiert, bevor die Trauben nach der Lese traditioneller Art gemäß in offenen Bottichen vergoren werden. Holzfaßausbau und gelungene Versuche mit Barriques geben diesen wuchtigen, aromaintensiven Weinen ihr Finish. Aus den Trestern der mit 62 Prozent Gesamtanteil wichtigsten Sorte Spätburgunder brennt Werner Hehle seinen Marc.

SPÄTBURGUNDER MARC

In nur kleinen Mengen verfügbares Tresterdestillat aus den auf der Maische vergorenen Spätburgunderschalen, im Eichenfaß gelagert (45 %vol, 25 cl).

Hellgolden, mit appetitanregendem Duft nach Bouquet garni, Rauch und etwas Ananas, am Gaumen sanftmütig, mit herrlicher Weinigkeit – geradlinig und sehr gelungen.

DITZ

Lehenhof Ditz
Weinzierl 17
A-3500 Krems

Voll Stolz berichtet Winzer Karl Ditz von den Ursprüngen seines trutzigen Weingutes im kleinen Dorf Weinzierl, unweit von Krems in der Wachau: Die Treue zu ihrem Herzog Albrecht I. brachte zwanzig Gefolgsleuten ein wahrhaft fürstliches Geschenk ein – zusammen mit großzügigen Ländereien schenkte ihnen der Landesherr die Unabhängigkeit von der damaligen Vasallenordnung. Nur ihm und seinen Nachfolgern unterstellt, gründete sich die wohl erste Genossenschaft Österreichs, die sich stolz die »Zwanziglehner« nannte.

Erst 1923 teilten die Nachfahren der Getreuen ihr fruchtbares Land in bester Lage der Wachau auf – einer der so entstandenen Lehenhöfe ist jener der Familie Ditz, zu

dessen 30 Hektar Land auch 10 Hektar Weinberge in Top-Lagen gehören. Zusammen mit Frau Traudl baut Karl Ditz hier Weine an, die zur Spitze in Österreich zählen.

Daneben destilliert Karl Ditz für die Gäste seiner originellen Vinothek auch Brände aus Trauben und Obst, die in einer diskontinuierlichen Kupferbrennblase dreifach destilliert und dann in Glasballons harmonisiert werden, bevor sie in mundgeblasenen Kristallflaschen zum Verkauf kommen.

RIESLING
TRESTERBRAND

1996 auf der Spirituosen-
fachmesse DESTILLATA
ausgezeichneter Brand aus
Rheinriesling-Trestern der
Lage Kremser Weinzierlberg,
dreifach diskontinuierlich
destilliert (39 %vol, 35 cl).

*Aufrichtiger, weinwürzig
akzentuierter Brand mit viel
Kraft. Langer Abgang.*

»CAPPA«
MARC VOM EISWEIN

Aus Eiswein-Trestern der
autochthonen Wachauer
Rebsorte Neuburger destilliert und im Rotwein-
barrique gelagert
(40 %vol, 35 cl).

*Ein gelungener Brand –
lachsfarben, von weinig-
cremiger Vornehmheit und mit
einem wahren Feuerwerk an
würzigem, lang anhaltendem
Aroma.*

DOLLE

**Peter Dolle
Herrengasse 2
A-3491 Straß/Straßertal**

W inzer des Jahres 1991« der renommierten österreichischen Weinzeitschrift »Falstaff« – das Weingut des ausgezeichneten Winzers liegt im Weinbaugebiet Kamptal, an den geschützten südlichen Ausläufern des Manhartsberges. Hier erzeugen Vater und Sohn Dolle Weine, die dank kluger Ertragsbegrenzung und konsequenten Qualitätsstrebens immer wieder prämiert werden. In einer romantischen Gasse hat Familie Dolle eine Vinothek mit idyllischem Garten und gemütlich ausgestattetem Gewölbekeller geschaffen. Hier können die ausgezeichneten Veltliner, Weißburgunder und Rheinrieslinge nicht nur verkostet, sondern auch – auf Kundenwunsch – in optimaler Umgebung bis zum Erreichen ihres jeweiligen Höhepunktes gelagert werden.

TRESTERBRAND

Im Weingut diskontinuierlich destillierter Tresterbrand aus nur sanft gepreßtem Traubengut (45 %vol, 37,5 cl).

Sehr tiefer, mit einer Aromafülle nach Gewürzen und saftiger Frucht ausgestatteter Brand. Empfehlenswert.

DÖRFLINGER

Weingut Hermann Dörflinger
Mühlenstraße 7
D-79379 Müllheim

Das im südbadischen Müllheim gelegene, in der dritten Generation im Familienbesitz befindliche Weingut Hermann Dörflinger umfaßt 7,5 Hektar Weinbergsbesitz. Die Weine aus den Lagen Badenweiler Römerberg, Müllheimer Reggenhag, Pfaffenstück und Sonnhalde sind frisch, säurebetont und kompromißlos sauber. Interessante Barriqueweine aus Markgräfler Eiche, ein feinfruchtiger Sekt Ultrabrut sowie Hefe- und Obstbrände ergänzen das Angebot, das in einer gemütlichen und gastfreundlichen Probierstube des Winzerhofes verkostet werden kann.

MARKGRÄFLER TRESTER

Aus den für Südbaden typischen Burgunderrebsorten destilliert und im Barrique aus Markgräfler Eiche ausgereift; unsere Probe aus Los 4/1994 (42 %vol, 70 cl).

Ᵽ *Ein Aroma wie im Weinkeller zur Lesezeit – appetitanregende, traubige Fermentationstöne begleiten komplexe Würze, die auf der Zunge ihre konsequente Fortsetzung findet. Enorme Kraftentwicklung zum Schluß.*

DOUFRAIN

Weingut Anton Doufrain
Eberbacher Straße 11–13
D-65347 Hattenheim/Rheingau

Weinbaubetrieb von Anton Doufrain, dessen Familie seit 1724 im Rheingau keltert. 6 Hektar Rebgärten in guten Lagen – wie dem Hattenheimer Nußbrunnen und dem Engelmannsberg, am Heiligenberg und in der Gemarkung Rheingarten – liefern die Basis für Weine, die typisch für das Selbstverständnis des bodenständigen, verschmitzten Winzers sind: Mittlere Erträge und gut durchdachte Kellerwirtschaft sorgen für saubere, hochwertige und regionaltypische Weine, die zudem bezahlbar geblieben sind. Weinfreunde sind bei Doufrain immer willkommen – im romantischen Innenhof des Winzerhofes oder in der gemütlichen Probierstube.

SPÄTBURGUNDER TRESTERBRAND

Rebsortenreiner Tresterbrand aus schonend vergorenen Trestern vom Spätburgunder, im Barrique gelagert (40 %vol, 50 cl).

Aschblond mit rötlichen Lichtern, im Duft gewürzbetont mit frischen Kräuter-Nuancen, am Gaumen konsequente Fortentwicklung mit einem dezenten Bitterton im Nachklang.

DURBACH

Weinbaugenossenschaft Durbach
Nachtweide 2
D-77770 Durbach

Die Weinbaugenossenschaft wurde 1928 im roman-tischen Ortenau-Städtchen Durbach gegründet. Heute leiten Geschäftsführer Konrad Geppert und sein Kellermeister Josef Wörner die Geschicke der 330 Mit-glieder umfassenden Weinbauernvereinigung, zu der auch 90 Vollerwerbswinzer gehören. 310 der 450 Hektar Rebfläche in Durbach, davon 80 Prozent erstklassige Steillagen mit felsigem Granitverwitterungsboden, werden von den Genossen bebaut. Die in der WG erzeugten Weine gehören zur Spitze Deutschlands (Bundesehrenpreis 1992).

MARC VOM RIESLING

Aus Riesling-Trestern der Einzellagen Plauelrain und Kochberg, von Mitglieds-winzern in Hausbrennereien destilliert und in der Genossenschaft im Holzfaß ausgereift (43 %vol, 50 cl).

Warmherzig-charmantes Destillat mit sattgoldener Farbe, einem Bukett voll herbstlicher Freuden (Heu, Gras, Pilze, reifes Obst, würzige Eichenholztöne), mittlerem, aber kraftvollem Körper und bittersüßer Eleganz im Finish.

ELLWANGER

Weingut Jürgen Ellwanger
Bachstraße 21
D-73650 Winterbach

In Winterbach, im fruchtbaren Remstal vor den Toren Stuttgarts, liegt das 12 Hektar große Weingut von Jürgen Ellwanger, das zur Crème de la crème in Württemberg gehört. Das Familienwappen der Ellwangers erinnert noch an Urahn Ritter Nikodemus, der nachweislich seit 1514 Wein anbaute – eine jahrhundertealte Tradition, der sich Jürgen Ellwanger verpflichtet fühlt. Wobei der Remstäler jedoch immer auch für Neues offen war und geblieben ist: Das Gründungsmitglied der Studiengemeinschaft neues Eichenfaß HADES und Mitglied bei VDP und im Deutschen Barrique-Forum setzt auf alte Württemberger Sorten und schafft daraus moderne Spitzenweine.

TRAUBENTRESTERSCHNAPS

In der hauseigenen Brennerei aus eigenem Trestergut der Sorten Muskat-Trollinger und Gewürztraminer destilliert und ein Jahr im Eichenfaß gelagert (40 %vol, 50cl).

Auf ein sortentypisch würziges Bukett, das harmonisch die Mandeltöne des Muskat-Trollingers mit der Orangenblütennote des Traminers verbindet, folgt ein appetitlicher Geschmack mit solider Tanninstruktur.

FISCHER

Engelbert & Christian Fischer
Hauptstraße 33
A-2500 Sooß

Funktionierende Arbeitsteilung zwischen Vater Engelbert und Sohn Christian Fischer: Während der Senior sich – neben seinem Ehrenamt als Bürgermeister – um den Anbau von bestem Traubengut in den guten Sooßer Lagen Gradenthal, Steinhäufel, Paitzbreite und Aderhags kümmert, ist Weinbau- und Kellermeister Christian für die veredelnde Weiterverarbeitung zuständig – ein Jointventure der Spitzenklasse. Der Schwerpunkt des Hauses liegt beim Rotwein – die Rebsorten Zweigelt, Blauer Portugieser, Cabernet und Blauburgunder erbringen hier reife, lange haltbare Weine mit ausgeprägtem Charakter. Gastfreundlicher Buschenschank, der von Mutter Erika und Christians Frau Veronika geführt wird.

MARC VOM ZWEIGELT 1991

Im Weingut destillierter, sortenreiner Tresterbrand aus der österreichischen Traditionssorte Zweigelt (40 %vol, 35 cl).

Komplexe, leicht grasige Nase mit appetitanregenden Kräuterimpressionen und konsequenter Fortsetzung bis zum Schluß – ein Aristokrat, vornehm zurückhaltend, doch unverkennbar nobel.

FRANCKENSTEIN

Weingut Freiherr von und zu Franckenstein
Weingartenstraße 66
D-77654 Offenburg

In der lieblichen badischen Weinlandschaft Ortenau am Rande des Örtchens Ortenberg gelegenes Weingut mit langer Tradition und einer Reputation für zeitgemäßen Weinbau.

1978 kam der aus dem benachbarten Durbach stammende Weinmacher Hubert Doll als Verwalter ins Weingut, das auf einen erstmals 1517 beurkundeten Rebhof des aus dem 13. Jahrhundert stammenden Freiherrengeschlechts derer von und zu Franckenstein zurückgeht. Seit 1985 ist der strebsame Ortenauer als Pächter der Herr auf dem Hof und in den 13,5 Hektar Weinbergen und sorgt mit Elan für das ausgezeichnete Renommee der Franckenstein-Weine, deren hochwertiges Traubengut auf Rebhängen im naheliegenden Zell-Weierbach wachsen.

Neben Anteilen am Zell-Weierbacher Abtsberg kann Hubert Doll exklusiv auf die beiden kleineren, erst vor kurzem als vorzügliche Weinlagen anerkannten Riede Neugesetz und Berghauptener Schützenberg zurückgreifen, deren feinerdige Granitverwitterungsböden für ein kraftvolles Potential sorgen.

Daß Riesling, regionaltypisch auch als Klingelberger bezeichnet, und die badischen Burgunder-Spezialitäten dennoch schlank und säurebetont ausgebaut werden, ist dem Können des Weinbauern Doll zu verdanken – seinem Ziel, die saftige Fruchttönigkeit und zarte Raffinesse der besten Ortenauer Weine zum Vorschein zu bringen, kommt er bemerkenswert oft bemerkenswert nahe.

TRESTER
VOM RIESLING

Sortenreiner Tresterbrand
aus sanft gepreßtem Trau-
bengut eigener Erzeugung
(42 %vol, 50 cl).

*Frische, leicht hefetönige
Weißweinnase und würziger,
durch saftige Zitrustöne unterstützter Geschmackseindruck –
sehr gelungen.*

MARC
VOM RIESLING

Im Holzfaß ausgereifter
Tresterbrand aus Ortenauer
Riesling (42 %vol, 50 cl).

*Wohlausgewogenes Destillat
mit tiefgoldener Farbe,
reifem Fruchtaroma (Pflaumen,
Aprikosen, Orangenmarmelade),
mit Vanille abgesetzt, auf der
Zunge weich und warm –
ein herrlicher Digestif.*

FRANKHOF

Frankhof-Kellerei
Burgeffstraße 19
D-65239 Hochheim/Rheingau

Seit 1876 existiert die Frankhof-Kellerei in Hochheim im Rheingau – heute im Besitz der Steigenberger AG, ist sie in Deutschland längst eines der wichtigsten Importhäuser für französische Spitzenweine und zuständig für die in den Steigenberger-Hotels ausgeschenkten Weine.

Geschäftsführer Josef Schamari legt darüber hinaus großen Wert auf ein in sich geschlossenes Angebot der Kellerei, das auch Endverbrauchern offensteht und in dem natürlich auch die Weine aus eigenem Rheingauer Weinbergbesitz ihren Platz haben.

TRESTERBRAND

Aus Rheingauer Riesling-Trestern eigenen Anbaus destilliert und mehrere Jahre in 100-Liter-Fässern aus Limousin-Eiche gelagert (38 %vol, 37,5 cl).

Geschmeidiges Destillat mit schöner Bernsteinfarbe, tiefen Fruchttönen und angenehmen Bitternoten am Gaumen – sehr sympathisch.

FRIEDRICH–WILHELM–GYMNASIUM

Weingut der Stiftung
Staatliches Friedrich-Wilhelm-Gymnasium
Weberbach 75
D-54290 Trier

Ein Gymnasium als Weingutsbesitzer? Eine wohl einzigartige Verbindung. Hervorgegangen aus dem 1561 von Jesuiten in Trier gegründeten Kolleg, hat sich das Gymnasium, das auch Karl Marx zu seinen Schülern zählen konnte, eine schöne Tradition bewahrt: Da man bekanntlich nicht für die Schule, sondern fürs Leben

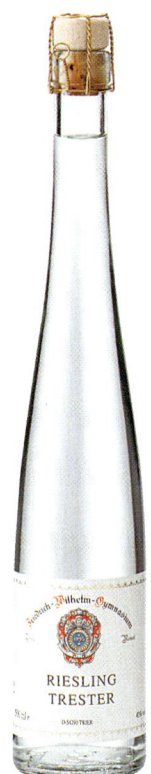

lernt, wird den Abiturienten hier nicht nur das akademische, sondern auch das önologische Rüstzeug vermittelt – in einer geführten Weinprobe werden ihnen auch die Grundlagen der Weinkultur beigebracht. Ein schöner Brauch, zumal das Weingut des Gymnasiums zu den Spitzenerzeugern an der Mosel gehört. Die Weine sind frisch und fruchtbetont und repräsentieren den von Weinfreunden geschätzten klassischen Moselstil.

RIESLING TRESTER

Aus Moselaner Riesling-Trestern, schonend gepreßt und vergoren, im Glas harmonisiert
(43 %vol, 50 cl).

Ein feinklingender Tresterbrand mit herb-süßem Kräuteraroma und angenehmer Tiefe.

FUHRMANN-EYMAEL

Weingut Pfeffingen
Familie Fuhrmann-Eymael
D-67098 Bad Dürkheim

Inmitten von Weinbergen, etwas außerhalb des einzigen Kurorts der Rheinpfalz, Bad Dürkheim, liegt das pittoreske Herrenhaus des Weingutes Pfeffingen der Familie Fuhrmann-Eymael.

Einst im Besitz der Grafen von Leiningen, jedoch schon seit Generationen im Familienbesitz, machte Karl Fuhrmann, der langjährige Weinbaupräsident der Pfälzer, den Besitz zu einem der bedeutendsten in der Region. Vor kurzem übergab der Senior an Tochter Doris und seinen aus einem Moselaner Winzerbetrieb stammenden Schwiegersohn Günter Eymael, der sich hauptberuflich – als Staatssekretär im rheinland-pfälzischen Landwirtschaftsministerium – auch um Weinbaupolitik kümmert. Eine Materie, deren praktische Auswirkungen der zupakkende Politiker täglich im Betrieb verfolgen kann.

Hier wie dort wesentlich: Konstanz und Konsequenz. So können sich die Kunden von Pfeffingen darauf verlassen, daß aus dem gesunden Traubengut der Top-Lagen Ungstadter Herrenberg, Weilberg und Honigsäckel überdurchschnittliche Qualität entsteht – wuchtige, ausgereifte Weine mit opulentem Bukett und komplexer Eleganz.

Hier gelingt selbst die allgemein nicht sonderlich hoch geschätzte Scheurebe als edelsüße Auslese zu einem Wein, der den Vergleich mit einem Sauternes oder einem Ruster Ausbruch nicht zu scheuen braucht.

Kein Wunder, wird doch durch konsequente Ertragsreduzierung, selektive Lese von Hand, schnelle Kelterung bei nur wenig Druck, gute Vorklärung und anschließende geduldige Vergärung die gesunde Basis für lagerfähige, charakterstarke Weine gelegt. Von Kleinbrenner Fred Pfleger aus Herxheim lassen die Eymaels Wein und Trester brennen. Neben ihrem Trester gefällt vor allem der Pfälzer Weinbrand in XO-Qualität.

VALENTIN

Aus handverlesenen Trestern des Gewürztraminers, schonend destilliert, ein Jahr im kleinen Faß aus Limousin-Eiche gelagert und mit Pfälzer Quellwasser auf Trinkstärke herabgesetzt (42 %vol, 50 cl).

Herbstlich-freundliches Destillat mit kräftigen Gewürzaromen (Zimt, Muskat) über warmer Frucht (Apfel, Pflaume), kraftvoll bis in den intensiven, trockener werdenden Nachklang.

FÜRST

Weingut Rudolf Fürst
Hohenlindenweg 46
D-63927 Bürgstadt

Vorlaufabtrennung

D as wohl bekannteste Rotweingut Frankens – seit 1638 im Familienbesitz – übernahm der heutige Inhaber Paul Fürst im jungen Alter von 21 Jahren. Mut zur Innovation, gepaart mit guter Ausbildung, Sachverstand und der Fähigkeit, die Möglichkeiten seines Erbes zu erkennen und zu nutzen, ließen ihn schnell zu einer über die Grenzen Frankens hinausschauenden Weinbau-Philosophie gelangen. Nicht der fröhliche, aber unbedarfte Bocksbeutel-Zecher sollte sein Kunde werden. Rudolf Fürst suchte anspruchsvollere Weinliebhaber, um aus deren Feedback zu lernen und sich weiterzuentwickeln. Schnell wurde der Bürgstädter bekannt für seine stoffigen, auf Buntsandstein an den Hängen entlang des unteren Mains gewachsenen Früh- und Spätburgunder, die ihm den Namen »Rotwein-Fürst« seitens der Zeitschrift »DER FEINSCHMECKER« eintrugen.

Die 93er Frühburgunder Auslese setzt nach Ansicht des Slow-Food-Weltweinführers als »großer Wein« gar »Maßstäbe für Deutschland«. Den Grundstock für solche Qualität legen hier die konsequente Ertragsreduzierung im

Weinberg und die zeitgerechte Lese, die gesundes Traubengut sichert.

Der Ausbau der Rotweine erfolgt über sechs bis acht Jahre
im Holzfaß, wobei auch Barriques zu Einsatz kommen. Im
Winter, wenn die Arbeit im Weinberg ruht, wandelt sich
der bescheidene Meisterwinzer – der nie vergißt, die Mit-
hilfe von Frau Monika, Mutter Rita und den Kindern ins
rechte Licht zu rücken – zum Destillateur: zu einem der
besten des an Kleinbrennereien reichen Landes Franken.
Obst und Trauben, besonders Mirabelle, fränkischer
Wildkirsche und Trester, gilt dabei die Liebe des Brenners
– ein Tribut an die fränkische Heimat.

TRESTER
VOM SPÄTBURGUNDER

Cuvée mehrerer Jahrgänge des reb-
sortenreinen Mittellauf-Destillats, aus
der diskontinuierlichen Wasserbad-
Brennblase der Hausbrennerei des
Weingutes, mindestens 3 Jahre im
Glasballon gelagert (42 %vol, 50 cl).

*Gelungener Brand mit einer feinen
Balance zwischen Frucht (Birne, Pflaume,
etwas Melone) und Würze, die sich am
Gaumen konsequent fortsetzt, bis in den
langen Nachklang.*

GEISENHEIM

**Weingut Forschungsanstalt
Geisenheim am Rhein
Kirchspiel
D-65366 Geisenheim**

Weinlehranstalt von gutem Klang, zu der auch ein Weingut gehört. Waren die Weine lange Zeit zwar für ihre solide, aber nicht gerade aufsehenerregende Qualität bekannt, hat sich das in den letzten Jahren geändert. Gerade Freunde ausgefallener Tropfen kommen hier auf ihre Kosten, da in Geisenheim regelmäßig Neuzüchtungen von Rebsorten angebaut und vinifiziert werden. Experimentiert wird auch bei den Ausbaumethoden – die Forschungsanstalt ist beispielsweise Mitglied im Deutschen Barrique-Forum. Daneben wird auch destilliert, neben Wein-, Weinhefe- und Traubenbränden auch ein Brand von Renekloden, aus Äpfeln und einer Kombination von Apfel und Birne.

TRESTERBRANNTWEIN 1992

Aus der Geisenheimer Hauptsorte Riesling sortenrein destillierter Tresterbrand des Jahrgangs 1992, im Eichenfaß ausgebaut (42 %vol, 50 cl).

Hellblond mit grünen Lichtern, im Duft samtig-komplex mit leichten Akzenten von Leder und Eiche, am Gaumen fast schüchtern, mit zarter Fruchtentwicklung.

GEYERHOF

Ilse und Josef Meier
Oberfucha 3
A-3511 Furth

Wachauer Weingut, das seit 1988 strikt nach den Grundsätzen des organisch-biologischen Weinbaus bewirtschaftet wird. Unterstützt durch Ehemann Josef, ist hier die Weinbauingenieurin Ilse Meier entschlossen, das Ökosystem ihrer Weingärten zu bewahren. Der Verzicht auf Pflanzenschutzmittel muß nicht durch erhöhte Schwefelzugabe im Keller ausgeglichen werden, sondern läßt sich durch den Einsatz von natürlichen Schädlingsmitteln auf Kräuterbasis kompensieren – so kann die kompetente, sympathische Fachfrau ihre Weine im Keller schonend behandeln. Seit einiger Zeit destilliert Ilse Meier ihre Marillen, Äpfel und Birnen, wie auch die Trester, in der eigenen Abfindungsbrennerei.

TRESTERBRAND
VOM CABERNET SAUVIGNON

Aus den nicht entrappten, in offenen Bottichen mit dem Wein vergorenen Trestern des Cabernet Sauvignon (42 %vol, 37,5 cl).

Ein »Glühwein-Brand«: sehr warm und weinig mit deutlichen Anklängen an Orangen, Zimt und Nelken; hinterläßt einen nachhaltigen Eindruck von Ausgewogenheit, Milde und Fruchtigkeit – wunderschön.

GÖLLES

Alois Gölles und Alois Kracher
Stang 52
A-8333 Riegersburg

D er doppelte Alois« – so nennen der steirische Mei-ster-Destillateur Alois Gölles und der Spitzenwinzer Alois Kracher aus dem Burgenland ihr Gemeinschafts-projekt. Kein herkömmlicher Tresterbrand sollte ent-stehen, sondern etwas nie Dagewesenes: ein Brand aus botrytistönigen, edelfaulen Trockenbeeren. »Die Idee der Trockenbeere – Morbidität und Zerfall einerseits, Per-fektion und Dichte andererseits – in ein Destillat hinein-zubringen, war eine große Herausforderung«, meint Brenner Gölles. 15 000 Kilogramm des edelfaulen Tresters wurden direkt nach der Pressung vom Burgenland in die Südoststeiermark gebracht und dort behutsam zu einem Brand mit gutem Alterungspotential destilliert.

Nicht die erste Erfahrung von Alois Gölles mit der tech-nisch anspruchsvollen Destillation von Trestern: Sein Tresterbrand vom Schilcher basiert auf der alten österrei-chischen Rebsorte Blauer Wildbacher, deren Weine nur dann Schilcher genannt werden dürfen, wenn sie sorten-rein gekeltert und in der Steiermark angebaut wurden. Daß die Trauben dabei, um die gewünschte helle Roséfar-be zu erreichen, nur sanft gepreßt werden, ist für Alois Gölles ein Vorteil: »So ähnelt unser traubiger Schilcher-trester mehr einem Traubenbrand als der härteren italie-nischen Grappa.« Nicht nur empfehlenswert, sondern auch als Einstieg in das Thema Tresterbrände geeignet.

TRESTERBRAND VOM SCHILCHER 1991

Sortenreiner Jahrgangs-
Tresterbrand aus der Reb-
sorte Blauer Wildbacher,
doppelt im diskontinuier-
lichen Kupferkessel ge-
brannt (45 %vol, 35 cl).

*Strahlender, außergewöhn-
licher Brand – einem Duft-
bad in Marzipan, unterlegt von
feinen Gewürznoten, folgt eine
ausgewogene Geschmacksentwicklung mit einem »Mundvoll«
Frucht, durch einen Hauch
Zitrone veredelt.*

TRESTERBRAND VON TROCKENBEEREN 1995

Aus dem Trester der
Trockenbeerenauslese
1995 des Süßwein-Spezia-
listen Alois Kracher vom
Neusiedlersee, zum Fein-
brand im Kupferkessel
destilliert (48 %vol, 35 cl).

*Sehr üppiges Destillat mit kom-
plexer, feinwürziger Beerennase
und kräftiger Süße, die gekonnt
in Bitterschokolade ausklingt –
ein großer Brand.*

GÖRGEN

Weingut Geschwister Görgen
Zeller Straße 195
D-56820 Senheim/Mosel

Am Fuße Moselaner Steilhänge liegt das kleine Weingut mit Brennerei der Familie Görgen. Von den 4 Hektar Rebanlagen stammen nicht nur typische Moselaner Weine, aus Trauben, Wein, Weinhefe und Trestern werden auch, in der erst seit kurzem bestehenden Abfindungsbrennerei, Brände destilliert – vom heutigen Chef Markus Görgen persönlich. Wie bei Kleinbrennern häufig üblich, wird das Traubengut sorgfältig von Hand selektiert und eingemaischt, wobei die Vergärung zur besseren Temperaturkontrolle und Aromaschonung in Kleingebinden stattfindet. Die Destillation geschieht im diskontinuierlichen Wasserbad-Brennapparat bei Niedrigdruck, die fertigen Hochprozenter werden in Glasballons harmonisiert. Neben diesen Destillaten entsteht hier eine Vielzahl vom empfehlenswerten Obstbränden.

RIESLING-TRESTER-BRAND

Diskontinuierlich im Wasserbad gebrannt und lange ausgereift (40 %vol, 50 cl).

Traubig, verlockend, mit verhaltenen Gewürznoten und weinig-weichem Körper – sehr reintönig und schön.

GÖTTWEIG

Stiftskelleramt Göttweig
Kirchengasse 14
A-3511 Furth bei Göttweig

Kelleramt des Benediktinerstiftes Göttweig, seit 1987 an das Weingut Furtherhof von Dr. Wolfgang Unger angeschlossen – beide Betriebe gehören zu den höchstdekorierten Weingütern Österreichs, wobei man sich beispielsweise eine Goldmedaille der Vinexpo in Bordeaux für den 1993er Eiswein an das Revers heften kann.

Spezialisiert ist man in Göttweig vorwiegend auf weiße Rebsorten, die von Kellermeister Johann Dockner zu einer Vielfalt von kraftvollen, charakterstarken Weinen ausgebaut werden. Nach Anmeldung wird gern zur Führung und Verkostung in den jahrhundertealten Klosterkeller geladen, dessen Prunkstück das große »Prälatenfaß« ist. Auch Destillation von zahlreichen Obstbränden.

MARC VOM EISWEIN

Rarer Brand aus Trestern der regelmäßig preisgekrönten Eisweine des Stifts, doppelt destilliert und sorgsam harmonisiert (41 %vol, 35 cl).

Kraftvolles Destillat mit herb-grasigem Charakter und leicht nussigen Akzenten im Geschmack.

– 81 –

GRANS–FASSIAN

Weingut Grans-Fassian
Römerstraße 28
D-54340 Leiwen/Mosel

G erhard Grans ist einer der ambitioniertesten Erzeuger der Mosel – und erfolgreich dazu. Das liegt zum einen am Stolz auf die lange Tradition seiner Vorfahren: Im 17. Jahrhundert waren die Grans beispielsweise Verwalter und mithin auch Weinmacher der bedeutenden Trierer Reichsabtei St. Maximin; 1658 wird auch Vorfahr Alexander Fassian als Winzer urkundlich genannt – das heutige Weingut entstand durch die Heirat von Gutsherr Peter Grans mit der Winzererbin Magdalena Fassian. Beider Besitz konnte sich sehen lassen: Heute gehören 9 Hektar Rebfläche in den ausgezeichneten, größtenteils steil über dem idyllischen Flußtal aufragenden Lagen Leiwener Laurentiuslay, Klostergarten, Piesporter Goldtröpfchen sowie Trittenheimer Altärchen und Apotheke dazu. Der allgemeine Niedergang der einst so gerühmten Moselaner Weine, der Verzicht von Nachbarn und Kollegen auf den im kühlen Moselklima häufig schwierigen Riesling zugunsten von einfacher handhabbaren Neuzüchtungen ließ Gerhard Grans keine Ruhe – neue Gedanken, neuen Mut brauchte die Mittelmosel, und seinem schnell erfolgreichen Beispiel folgend, besannen sich viele Jungwinzer auf die gelungene Verbindung von Tradition und moderner Weinbergs- und Kellertechnologie: Hauptsorte ist zu 88 Prozent der Riesling, daneben etwas Müller-Thurgau und Kerner. Ertragsreduzierung auf 70 hl/ha (an der Mosel sind bis zu 125 hl/ha erlaubt), naturnahe Rebpflege unter Einsatz von Naturdünger, Selektion der Trauben schon im Weinberg, schonende Kelterung durch moderne Preßtechnik, Verzicht auf Reinzuchthefen zur

Verstärkung des individuellen Charakters jedes Weintyps, sowie geduldige Lagerung im Edelstahl oder Eichenholz-faß. Das Ergebnis – filigran-elegante, dabei ausdrucksstarke Weine – schlug sich in zahlreichen Auszeichnungen bei Weinwettbewerben und auf Bestenlisten nieder. Seit 1988 destilliert Gerhard Grans die Trester seiner besten Rieslinge selbst zu Bränden.

TRESTER VOM RIESLING

Rebsortenreiner Riesling-Trester, zweimal diskontinu-ierlich destilliert und im Eichenfaß ausgereift (42 %vol, 50 cl).

Hellgoldenes Destillat mit würzigem, leicht rauchigem Duft und auffrischendem Geschmack.

TRESTER VOM RIESLING

Rebsortenreiner Riesling-Trester, doppelt diskontinu-ierlich gebrannt und 20 Jahre im Eichenfaß ausgereift, 1996 abgefüllt (40 %vol, 50 cl).

Altgoldene Farbe, im Geschmack enorm kräftig; besitzt ein sehr angenehmes Aroma, das ein wenig an guten Bourbon-Whiskey erinnert.

GRANTSCHEN

Weingärtnergenossenschaft Grantschen
Wimmentaler Straße 9
D-74189 Grantschen

Eine der kleinsten, aber auch feinsten Genossenschaften in Württemberg. 170 Mitglieder liefern im Herbst das Traubengut ihrer 140 Hektar Weingärten rund um den Grantschener Wildenberg mit seinen Keuperverwitterungsböden an. Schon während der Arbeit im Weinberg kümmert sich der qualitätsbewußte Kellermeister Fritz Herold um seinen Rohstoff, aus dem er neben feinwürzigen, klar gegliederten Standardqualitäten Spitzencuvées wie die Weine der Serie SA oder den »Grandor«, einen der edelsten und auch teuersten Rotweine Württembergs, keltert.

In kleinen Fässern aus schwäbischer Steineiche gedeihen ausgereifte, extraktreiche Weine, die Grantschen als einziger deutscher Genossenschaft zur Aufnahme ins exklusive Deutsche Barrique-Forum verhalf. Ein Erfolg, der in den Augen von Fritz Herold einen Schritt auf dem richtigen Weg darstellt und der noch zusätzlich ansport für weitere Experimente mit ebenso großem Trendpotential. Dem Kultdestillat »Grappa« setzt der fachkundige Weinmacher sein eigenes Brenntalent entgegen: Aus ganz speziellem, nur zu 60 Prozent ausgepreßtem Lesegut destilliert er seine »Granmarcs« – Tresterbrände, die ebenso wie ihre preisgekrönten Weinbrüder im Barrique heranreifen dürfen.

GRAN MARC VOM LEMBERGER 1992

Sortenreines Tresterdestillat aus Traubengut für die Lemberger Spätlese des ansprechenden Jahrgangs 1992, in der WG destilliert und im Barrique ausgereift (42 %vol, 50 cl).

Blond in der Farbe, in der Nase und am Gaumen mit tiefem, dunklem Ausdruck und kräftig-elegantem Körper.

GRAN MARC VOM GEWÜRZTRAMINER 1993

Aus der für Tresterbrände besonders geeigneten Rebsorte Gewürztraminer destilliert, in Spätlesequalität des Jahres 1993; Lagerung im kleinen Holzfaß aus Steineiche (42 %vol, 50 cl).

Gebändigte Kraft: hellgolden, appetitanregend würzig, mittelschwer, mit ausdauerndem Muskelspiel – Power und Sanftmut in Harmonie.

GROEBE & PRINZ

Weinhandelsgesellschaft Groebe & Prinz
Bahnhofstraße 68–70
D-64584 Biebesheim

Eine ungewöhnliche Joint-venture-Idee führte die beiden jungen Winzer Friedrich Groebe aus dem hessischen Biebesheim und Fred Prinz aus dem Rheingau-Ort
Hallgarten zusammen. Fred Prinz, hauptberuflich Ver-
kaufsleiter der Hessischen Staatsweingüter, war gerade
dabei, sich seinen Traum vom eigenen Gut mit einigen
Parzellen in den Hallgartener Lagen Jungfer, Schönhell
und Hendelberg zu erfüllen, die für sein unter anderem
bei Bernhard Breuer geschultes Riesling-Händchen die
richtigen Voraussetzungen boten.
Auch Friedrich Groebe, dessen Weinberge mit altem Reb-
bestand samt und sonders im rheinhessischen Westhofen
am anderen Rheinufer liegen, setzt – für Rheinhessen bemerkenswert – voll auf klassische Rebsorten wie Riesling,
Burgunder oder Silvaner. Weitere Gemeinsamkeit: ein
Konzept, das auf naturnahen Weinbau, radikale Ertragsreduzierung, selektive Lese von Hand, schonende Pressung und kühle, geduldige Fermentation setzt. Beide
Weingüter gehören heute zu den besten Deutschlands.
Ein Erfolg, der für das Traditionsgut K. F. Groebe bereits
liebe Gewohnheit war, für Fred Prinz aber überraschend
schnell eintrat. Auf seinen Lorbeeren sollte man sich
nicht ausruhen – eine Devise, die im Falle der beiden
innovativen Weinmacher den richtigen Weg wies: Weinbauingenieur Groebe und sein Kollege Prinz setzten sich
zusammen und kreierten die Selection Groebe & Prinz,
verschnitten dazu mutig und gekonnt den im Barrique
ausgebauten Rheinhessen-Grauburgunder von Friedrich
Groebe mit dem im Stahltank ausgebauten Rheingau-

Riesling von Fred Prinz. Dazu passend einen Sekt, der mit etwas Blanc de Noir, weißgekeltertem Spätburgunder von Prinz, abgerundet wurde und nach traditioneller Art vor dem Rütteln und Degorgieren zwei Jahre auf der Hefe reifte. Originelle Produkte mit hohem Qualitätsstandard, die von Spitzengastronomie wie Weinkennern begeistert aufgenommen wurden. Daneben destillieren Groebe & Prinz hochwertige Obstbrände aus hessischen Obstgärten wie Apfel, Zwetschge und Quitte sowie einen Trester-brand aus Maischen beider Weingüter.

MARC VOM BURGUNDER

Aus Grau- und Spätburgunder des Weingutes Groebe sowie Spätburgunder des Weingutes Prinz destilliert, mindestens 3 Jahre in gebrauchten Cognac-fässern gereift (40 %vol, 50 cl).

Charmanter, von einem schönen Spannungsbogen geprägter Marc mit frisch-fruchtiger Nase, zu der im Geschmack nussige Töne treten, bevor der Endspurt durch gut integrierte Eichennoten signalisiert wird.

GUTZLER

Weingut Gutzler
Roßgasse 19
D-67599 Gundheim

Zunächst war es nicht mehr als ein Hobby. Die Trester des 11 Hektar großen Weingutes in Rheinhessen waren 1991 Ausgangsstoff für Gerhard Gutzlers erste Destillations-Experimente. »Am Anfang war die Brennerei als Resteverwertung gedacht – doch mit dem Spaß an der Sache steigen die Ansprüche ans Ergebnis«, erinnert sich der heutige Brenn-Profi. Sein Qualitätsstreben hatte den jungen Winzer bereits bei der Betriebsübernahme 1985 zu einem der damals noch raren Rheinhessen-Weinbauern werden lassen, die auf Klasse statt Masse setzten.

Da lag es nahe, sich an die Vorzüge seiner Heimat in der fruchtbaren Oberrheinischen Tiefebene zu erinnern und

das Betätigungsfeld auf die Destillation von Trauben, Trestern und Wein zu erweitern.

Die natürlichen Eigenschaften des Ausgangsmaterials galt es zu bewahren und weiter herauszuarbeiten – das geht beim Brennen nur, wenn erstklassiges Material zum Einsatz kommt. Die Ergebnisse konnten sich schnell sehen lassen, wie Erfolge bei diversen Prämierungen belegen.

TRESTERBRAND VOM CHARDONNAY

Reinsortiger Tresterbrand, zweifach destilliert und kurz im Faß ausgereift (40 %vol, 20 cl).

Leichtherzig-fröhliches Destillat voll hochsommerlicher Finesse, am Gaumen buttrig mit leichtem Mineralanklang.

TRESTERBRAND AUS MUSKATTRAUBEN

Aus aromatischen Trauben, die nur sanft gepreßt wurden; Destillat kurz im Faß gereift (40 %vol, 20 cl).

Sehr reintöniges Muskatelleraroma bestimmt diesen Brand mit seinen floralen Zitrusnoten (Rose, Nelke, Veilchen, Orange) und dem warmen, beinahe endlosen Geschmack nach zartbitterer Edelschokolade.

TRESTERBRAND

Im Maulbeerfaß ausgereifte Trester-Cuvée aus Reben vom eigenen Weingut, doppelt diskontinuierlich destilliert (40 %vol, 20 cl).

Ins Orange changierender Bernsteinton; appetitlicher Aprikosenduft mit feiner Gewürznote, am Gaumen mittelschwer, insgesamt weich und rund.

HAIDLE

Weingut Karl Haidle
Hindenburgstraße 21
D-71394 Kernen

Wie verwachsen mit ihrem Berg thront die malerische Ruine der Y-Burg über dem kleinen Flecken Stetten am Südrand des Remstales. Was in den fruchtbaren Rebgärten zu ihren Füßen wächst, wird im Familienweingut Karl Haidle gekeltert und zu Weinen ausgebaut, die zu den besten Württembergs gehören. Auf kaum einer Weinkarte in den Top-Restaurants des Schwabenländles fehlen sie.

Eine Blitzkarriere, denn erst 1949 wagte der erfolgreiche Kunstturner Karl Haidle den Sprung in die Selbständigkeit, nachdem Generationen seiner Vorfahren vor ihm lediglich ihre Trauben an Kellereien verkauft hatten. Sein bekannter Name half sicher dabei. Wichtiger war aber wohl der Blick für das Potential der zum Verkauf stehenden Weinbergsanteile in der Umgebung: Karl und seit 1968 sein Sohn und heutiger Inhaber Hans Haidle stockten nach und nach ihren Besitz von ursprünglich einem auf heute 13,8 Hektar in den guten Lagen Stettener Pulvermächer, Häder, Mönchenberg sowie der benachbarten Schnaiter Burghalde auf.

Nahezu die Hälfte ist mit Riesling bestockt, aus dem Hans Haidle geradlinige, stoffige Weine mit eleganter Frucht keltert. Daneben gilt die Liebe des »Wengerters« dem Kerner – der in den Haidleschen Weinbergen schon wuchs, als er noch als Neuzüchtung den wenig ansprechenden Namen »Sämling 25 30« trug – sowie der Württemberger Nationalrebe Trollinger. Umweltschonender Anbau, selektive Lese, Vergärung ganz traditionell im Holzfaß und sanfter, auf sortentypische Art abgestellter Ausbau sind die Eckpfeiler des Erfolges von Hans Haidle, der mittlerweile auch den Ausbau in Barriques vorbildlich beherrscht.

Die Trester seiner Rieslinge läßt Hans Haidle von einem Cousin im benachbarten Weinstadt-Schnait in einer bei Niedrigtemperatur betriebenen, diskontinuierlichen Hausbrennanlage destillieren.

TRESTERBRAND VOM RIESLING 1991

Sortenreiner Jahrgangstresterbrand aus Riesling, nach der Destillation in der Kupferbrennblase ein Jahr in einem Barrique aus Allier, in dem zuvor Weißwein lagerte, ausgereift (42 %vol, 35 cl).

Hellgoldener, eleganter Brand mit würzigem Duft nach Bratapfel, Pflaume, Rosinen und gut integrierten Holzaromen, der sich harmonisch in einen kraftvollen, tanninbetonten Abgang steigert.

HEGER

Joachim Heger
Bachenstraße 19–21
D-79241 Ihringen

S eine Hausbesuche in den kleinen Dörfern rund um den Kaiserstuhl waren für den Landarzt Dr. Max Heger mehr als Erfüllung seiner Pflicht – hier kam er in Kontakt mit den Menschen und ihrer Heimat, probierte die örtlichen Weine und beschloß irgendwann, selbst Winzer zu werden.

Seine guten Kontakte halfen ihm in den Jahren nach 1935 schließlich zum Erwerb bester Parzellen am südlichen Kaiserstuhl, Lagen mit alten Reben, die zwar we-

Steillagen am Kaiserstuhl

nig, aber qualitativ hochwertigen Ertrag versprachen. Nach ihm machte sein Sohn Wolfgang das väterliche Hobby zur Profession, bis mit Enkel Joachim ein nicht nur kenntnisreicher, sondern ein besonders talentierter Kellermeister das mittlerweile auf 15 Hektar angewachsene Gut übernahm. Seine großen Fähigkeiten bei der Vinifizierung, Ursprung des mittlerweile international großen Renommees des Gutes, brachten immer mehr Winzerkollegen dazu, ihm ihr bestes Traubengut zum Weinmachen anzubieten – 1986 wurde das »Weinhaus Joachim Heger« gegründet, dessen

Weine er zu Recht voll stillem Stolz als »Erzeugerabfül-
lung Joachim Heger« neben die aus dem »Weingut Dr.
Heger« stellt. Kraftvolle, in der Jugend erfrischende, im
Alter stoffig-markante Weißweine und elegante Rotweine
aus Spätburgunder sind sein Markenzeichen, wobei er als
einer der Spitzenkönner im Umgang mit dem Barriqueausbau gilt. Seine Brände destilliert Joachim Heger
zusammen mit Kellermeister Walter Bibo in einer traditionellen Kupferbrennblase mit Wasserbadheizung, deren
Feuerung durch selbstgesammeltes Rebholz erfolgt.
Hier entstehen verschiedene sortenreine Tresterbrände,
die – da leider nur in Kleinstmengen vorhanden – nur auf
Anfrage und mit etwas Glück erhältlich sind.

GEWÜRZTRAMINER TRESTER

Aus sortenreinen Traminer-Trestern des
Jahrgangs 1994 doppelt destilliert, etwa
ein Jahr im Glasballon harmonisiert
(42 %vol, 50 cl).

*Finessenreiche Eleganz prägt diesen
appetitlichen, mit seinem Duft
nach kandierten Früchten und Rosen
sortentypischen Brand.*

HERZINGER

Weingut Herzinger
Nußdorf 33
A-3133 Traismauer

Weingut mit Destillerie, im Herzen des Traisentals südlich von Krems in Niederösterreich gelegen. Auf 7 Hektar Rebfläche und nochmals 6 Hektar Obstgärten baut Reinhard Herzinger an, was er für den Weinkeller und seinen Brennapparat braucht. Die Weine des Gutes sind fast alle trocken ausgebaut, jahrgangstypisch und harmonisch. Neben vielen Auszeichnungen im Weinbe-

reich waren die Brände von Herzinger auch bei nationalen und internationalen Vergleichsproben erfolgreich. Über Trester-, Wein- und Weinhefebrände hinaus werden hier zahlreiche Obstbrände hergestellt, darunter Brände aus Trauben, Williamsbirnen, Äpfeln, Marillen, Pfirsichen, Kirschen und Zwetschgen.

NUSSDORFER TREBER VOM STROHWEIN

Tresterdestillat aus Grünem Veltliner des Rieds Kirchbergen; die Trauben wurden 6 Monate auf Stroh gelagert und schonend gepreßt; Destillat nahezu ein Jahr im Glas harmonisiert (40 %vol, 20 cl).

Hintergründiger Brand, der mit einem sommerlichen Obstkorb (Aprikosen, Pfirsiche, Beeren) und grasigen Nußtönen einnimmt. Im Abgang trockener werdend.

NUSSDORFER TREBER VOM RIESLING

Sortenreiner Brand aus Riesling-Trestern der Nußdorfer Riede Hinter dem Schloß und Gaisruck (40 %vol, 20 cl).

Ein Individualist mit leicht medizinisch anmutenden Holznoten im angenehmen Duft, der am Gaumen durch Tiefe und Ausdruckskraft glänzt.

NUSSDORFER TREBER VOM PINOT GRIS

Sortenreiner Brand aus Grauburgunder-Trestern in Auslesequalität des Nußdorfer Riedes Feldsatzen, in der Kupferbrennblase mit Kolonne destilliert und im Glasballon gereift (40 %vol, 20 cl).

Eine sehr lebendige Gewürznase bildet den Auftakt zum Genuß dieses sehr weinigen, geradlinigen Tresterbrandes, der im Finish mit weicher Üppigkeit gefällt.

HESSEN

Weingut Prinz von Hessen
Grund 1
D-65366 Geisenheim

In ihrer über 700jährigen Familiengeschichte haben sich die Prinzen und Landgrafen von Hessen immer auch für den Weinbau interessiert – ihr über Jahrhunderte angewachsener Weinbergsbesitz ist heute im Weingut Prinz von Hessen zusammengefaßt. Eigentümerin ist die von den Familienmitgliedern gegründete Hessische Hausstiftung, deren Aufgabe es ist, die Kulturgüter des ehemals regierenden Hauses zu bewahren.

Federführend im Gut sind Landgraf Moritz von Hessen und seine Crew, bestehend aus den Betriebsleitern Glock und Hermann sowie dem kundigen Kellermeister Karl Klein. Bei den Standardqualitäten setzt dieser auf solide Qualität.

Aus den Trauben der besten Lagen Winkeler Hasensprung und Johannisberger Klaus entstehen Auslesen bis hin zum Eiswein, die als Exklusivlinie mit der Unterschrift des federführenden Moritz von Hessen geadelt werden. Selektive Lese und schnelle Verarbeitung lautet das oberste Gebot im Weingut. Reduktiver Ausbau im Edelstahl und frühzeitige Abfüllung sorgen für reintönige, vollfruchtige Weine, die den Jahrgangs- und Sortencharakter gut zur Geltung bringen. Zu 90 Prozent wird Riesling angebaut, daneben etwas Spätburgunder sowie Müller-Thurgau und Scheurebe.

Abgerundet wird das Weingut-Programm durch Riesling-sekt, der auch als Lagensekt von der Johannisberger Hölle verfügbar ist, durch einen mittlerweile mehrfach aus-gezeichneten Weinessig von einer 1993er Scheurebe Beerenauslese und einen alten Weinbrand vom Riesling.

RIESLING TRESTERBRAND

Sortenreiner Brand aus eigenem Lesegut, diskontinuierlich bei Niedrig-temperatur in der Vakuum-Kupfer-brennblase destilliert und im Eichenfaß ausgereift (42 %vol, 50 cl).

Sehr distinguiertes Destillat mit an italienische Grappa erinnernden grasig-nussigen Aspekten, das im harmonischen Verlauf zunehmend an Tiefe und Delikatesse gewinnt.

HEYMANN–LÖWENSTEIN

Weingut Heymann-Löwenstein
Bahnhofstraße 10
D-56333 Winningen/Mosel

Richard Löwensteins Spezialität sind eigenwillige Rieslinge. Seine außergewöhnlichen Weine haben ihn, den Autodidakten – der allerdings in der 13. Generation von Winzern abstammt –, in Deutschland schnell an die Spitze gebracht: Erst seit 1980 betreibt er sein heute 8 Hektar großes Weingut zusammen mit seiner Ehefrau Cornelia Heymann. Dabei kann er auf Parzellen in besten Lagen der Mosel wie dem Winninger Uhlen und Röttgen bauen.

Auf diesen Urgesteinsböden – begünstigt durch ein subtropisches Mikroklima und durch radikale Ertragsbegrenzung – wachsen die Trauben für wuchtige, reife Rieslinge mit hohem Alkoholgehalt. Weine, die ihr Vorbild (und ihren Vergleich) nicht an der Mosel, sondern in den Grand Crus Frankreichs suchen. Konsequenterweise gesteht Richard Löwenstein nur den besten seiner Weine einen »Cru«, also die Kennzeichnung der Herkunftslage, zu. Voraussetzung dafür ist das Vorhandensein des einzigartigen, nicht künstlich reproduzierbaren Lagencharakters, der im Röttgen üppig-sanfte Fruchtaromen geriert, im Uhlen

Richard Löwenstein

Stammsitz: Eine Moselaner Villa

aber mineralisch-kernige Nuancen hervortreten läßt. Kaum weniger attraktiv die Riesling-Zweitweine, die aufgrund ihrer Herkunft aus traditionellen Rebterrassen mit im Schnitt über 30 Jahre alten Rebstöcken als »Schieferterrassen« etikettiert werden. An französischer Tradition orientieren sich auch die Tresterbrände von Richard Löwenstein, bei denen das Herausarbeiten bestimmter Charakterzüge im Vordergrund steht. Die Destillation überläßt der Winzer dem international renommierten Brenner Hubertus Vallendar aus dem benachbarten Moselort Pommern, der als Sensoriker als eine der besten »Nasen« der Spirituosenszene gilt.

Da das Lesegut von Heymann-Löwenstein meist edelfaul ist, kauft Vallendar zusätzlich schwach gepreßte Riesling-Trester von lokalen Winzern zu. Aus einer geeigneten Mischung destilliert er die gewünschten Brände, deren Lagerung und Reifezeit von Richard Löwenstein bestimmt wird und die die große geschmackliche Bandbreite von Riesling-Tresterbränden aufzeigen.

»MARC«

Cuvée der Riesling-Jahr-gänge 1981 bis 1996, bei der nach der Remontage-Methode jährlich ein Drittel des Brandes aus alten Eichenfässern abgefüllt und durch frisch gebranntes Destillat ersetzt wird (40 %vol, 35 cl).

Strohblonder, durch perfekt integrierte Faßaromen sehr reich und üppig wirkender Fruchtcharakter mit langem, trockener werdendem Abgang.

»LES FLEURS«

Bewußt auf Fruchtigkeit hin in einer Kupferbrenn-blase im Wasserbad mit Verstärkerkolonne ge-branntes Riesling-Destillat aus schwach gepreßten Trestern, im Edelstahl harmonisiert und kurz im Faß nachgereift (43 %vol, 35 cl).

Frische, herb-erdige und florale Akzente bestimmen den auffallenden Ausdruck dieses sehr lebendigen Brandes.

»LES FINS BOIS« 1990

Riesling-Jahrgangsbrand, doppelt im Kupferbrenn-apparat destilliert und in Limousin-Eiche gelagert (40 %vol, 35 cl).

Versammeltes Gewürzaroma mit gut integrierten Holz-noten, kräftiger Körper mit üppiger Fruchtfülle.

»AS WE GET IT« 1990

Entspricht dem Destillat von LES FINS BOIS, allerdings erst nach Lage-rung in Eichenbarriques in Faßstärke abgefüllt (64 %vol, 35 cl).

Leuchtende Bernsteinfarbe und an gereiften Cognac erinnerndes Bukett, kraftvoll weicher Körper und trockener Schluß gefallen an diesem her-vorragenden und seltenen Brand; ein paar Tropfen Wasser öffnen das Aroma noch weiter.

HOHENLOHE

Weingut Fürst zu Hohenlohe-Oehringen
Im Schloß
D-74613 Öhringen

Ein Weingut als Traditionsbetrieb – seit 1360 besaß die Herrschaft Hohenlohe Rebgärten »an dem Ver-herberg«, der heute noch als Spitzenlage Verrenberger Verrenberg im Alleinbesitz der Fürstenfamilie von Ho-henlohe-Oehringen ist. Vorausschauend hatte das fürst-liche Haus Anfang des 17. Jahrhunderts die Keller des Schlosses zum Zweck der Weinerzeugung anlegen lassen, obwohl bis 1820 nur für den Eigenbedarf gekeltert wurde. Seither haben sich die Fürsten mit ihrem Weingut aller-dings ein wirtschaftlich interessantes Standbein geschaf-fen, allen voran der jetzige Chef des Hauses, Fürst Kraft, der sich 1976 den Absolventen der Weinbauschule Weinsberg und Geisenheimer Diplom-Ingenieur Sieg-fried Röll als Kellermeister und Betriebsleiter sicherte.

Fürstenfaß: Das Prunkstück im fürstlichen Keller

Dieser erst brachte das Weingut auf sein heutiges hohes Niveau und prägte das Profil der Weine, die nicht nur die deutsche Spitzengastronomie begeistern: Durch kurzen Rebschnitt und umweltschonende Anbauweise, reduktiven Ausbau der Weißweine und Maischegärung bei den Rotweinen entstehen aus dem Traubengut der schweren Buntkeuperböden markante, männliche Weine mit ausgeprägter Säurestruktur und hohem Extraktreichtum – Weine mit hervorragendem Reifepotential. Mehr als die Hälfte der Rebflächen am Verrenberger Verrenberg und Goldberg sind mit Riesling bestockt.

Daneben widmet sich Siegfried Röll Württemberger Klassikern wie den Sorten Trollinger, Kerner, Lemberger, Muskateller und Schwarzriesling, wie auch alten Rebsorten der Region, etwa dem Samtrot und dem seltenen Muskattrollinger. Seit kurzem wird auch ein wenig Chardonnay angebaut. Das Obst der Streuobstwiesen am Verrenberg brennt Siegfried Röll in der Hausbrennerei, ebenso wie Weinhefe und Trester.

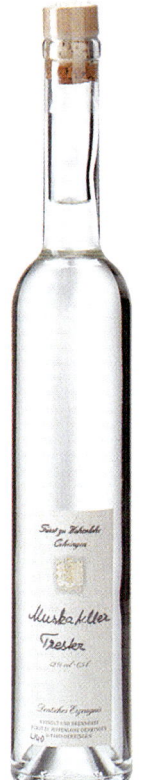

MUSKATELLER TRESTER

Sortenreiner Tresterbrand aus der Hausbrennerei des Gutes, doppelt diskontinuierlich im Kupferkessel gebrannt und in Glasballons gereift; unsere Probe aus Los Nr. 140 (42 %vol, 50 cl).

Eher von Muskatnuß als vom Muskateller geprägt erscheint dieser tiefgründige, sehr appetitliche Brand mit feinen Marzipan-, Nuß-, Gras- und Würzaromen. Enorme Kraftentfaltung am Gaumen – schön.

JÖBSTL

Obst- und Weinbau Jöbstl
Wernersdorf 41
A-8551 Wies

H eckenkletscher« oder »Rabiatperle«. Von solchen Bezeichnungen für die Schilcher genannten Rosé-weine aus der Rebsorte Blauer Wildbacher, der Spezialität ihrer steirischen Heimat, will die Winzerin Waltraud Jöbstl nichts hören. Ihre Weine verfügen über jene Eleganz, die ihnen die Aufnahme in den »Salon Österreichischer Wein« verschafft hat, Gemeinschaft der edelsten Weine der an solchen bekanntlich nicht armen Alpenrepublik. Stolz auf ihre Herkunft vom Ende der Schilcherstraße, konnte die resolute Weinbäuerin es nicht übers Herz bringen, die Trester ihrer Schilcher wegzuwerfen: »Mir hat jedesmal das Herz geblutet!«

Vor acht Jahren lernte Waltraud Jöbstl das Destillieren, erwarb eine kupferne Brennanlage und maischte die Erzeugnisse ihrer Reb- und Obstgärten genauso konsequent professionell ein, wie sie insgesamt ihr Weingut betreibt. Sie erwies sich als Naturtalent beim Destillieren – schon 1991 gewann sie den Titel »Schnapsbrenner des Jahres« der internationalen Fachmesse DESTILLATA, der ihr 1995 und 1996 erneut verliehen wurde. Scheinbar unerschöpflich scheinen die Möglichkeiten, Schilcher zu brennen: Derzeit stehen Schilcher-Trester aus dem Barrique, Schilcher-Hefebrand aus dem Barrique, Schilcher-Traubenbrand, eichenfaßgelagerter Schilcher-Weinbrand sowie ein Eiswein-Tresterbrand vom Schilcher zur Verfügung, Ausbauvariationen in verschiedenen Holzarten wie Kastanie, Akazie und natürlich Eiche sind bereits in Arbeit. Daneben umfaßt das Programm höchst gelungene Obstbrände und Obsttresterbrände aus Sorten wie roter

Johannisbeere oder Golden-Delicious-Apfel. Die hohe Qualität und das gute Preis-Leistungs-Verhältnis haben den Jöbstl-Destillaten zu einem festen Platz auf den Digestifwagen der österreichischen Spitzengastronomie verholfen. Brennereimuseum und gastfreundliche Probierstube.

SCHILCHER GRAPPA TRESTERBRAND

Rebsortenreines Destillat der Weinspezialität Schilcher aus der Rebsorte Blauer Wildbacher, doppelt diskontinuierlich gebrannt und im Steingut ausgereift; Auszeichnung des Bundeslandes Steiermark 1995 (40,3 %vol, 50 cl).

Interessanter Brand mit durch Frucht (Pfirsich, Apfel, etwas Quitte) und Süßholz-Aspekte definierter, konsequenter Geschmacksentwicklung.

SCHILCHER EISWEIN GRAPPA 1995

Eine absolute Rarität: aus den Trestern des 1995 ersten jemals geernteten Schilcher-Eisweines destilliert, am 29.7.1996 abgefüllt (42 %vol, 10 cl).

Auf den ersten Blick etwas unnahbar-kantig wirkendes Destillat mit pfeffriger Note, am Gaumen leicht auflebend mit zunehmender Traubigkeit. Ein Brand, der Muße verlangt.

JOHNER

Weingut Karl H. Johner
Gartenstraße 20
D-79235 Vogtsburg-Bischoffingen

Ein klares, einfaches und dabei überzeugend umgesetztes Konzept ist das Erfolgsrezept des Shooting-Stars in Baden: Rigoroses Qualitätsstreben in allen Details, Beschränkung auf nur wenige Rebsorten und Weintypen, konsequente Ertragsbeschränkung, Ausbau und teilweise auch Vergärung aller Weine im Barrique, Verzicht auf Lagenbezeichnungen zugunsten des eigenen Namens als Markenzeichen – Karl Heinz Johner gilt zu Recht als einer der Schrittmacher in der Weinszene.
Eingefahrene Wege zu verlassen und über den Tellerrand hinauszuschauen fiel ihm nicht schwer, hatte der selbstbewußte Aufsteiger doch wichtige Erfahrungen als Kellermeister in Großbritannien gemacht und dort quasi aus

Karl Heinz Johner bei der Qualitätskontrolle

dem Nichts das heute renommierte Weingut Lamber-
hurst in Kent aufgebaut. Johners Tresterbrand entsteht
aus den Trestern der Rebsorte Müller-Thurgau, aus der er
zunächst den Weintyp Rivaner keltert: Früh gelesene
Trauben mit kräftiger Säurestruktur geben nicht nur dem
Wein einen erfrischenden, spritzigen Charakter, sondern
sorgen auch für den optimalen Rohstoff für die Brennerei.

RIVANER TRESTERBRAND

Sortenreiner Brand aus Müller-Thurgau-Trauben, als
Rivaner frühgelesen, im Weingut diskontinuierlich in
der Kupferbrennblase mit Verstärkerkolonne gebrannt
und im Glas harmonisiert (48 %vol, 50 cl).

*Durch leicht salzig-pfeffrige
Aspekte abgeschmeckter, sehr
samtig-nussiger Brand mit viel
Kraft und fein integriertem
Alkoholgehalt.*

WEISSER BURGUNDER
TRESTERBRAND

Ebenfalls sortenrein und
hochprozentig
(48 %vol, 50 cl).

*Frische, nussig-grasige
Herbstnase, am Gaumen
wunderschön weich und intensiv,
mit einer Kraftexplosion bis in
den dezent würziger werdenden
Abgang. Herrlich.*

JURTSCHITSCH

Weingut Sonnhof Jurtschitsch
Rudolfstraße 37–39
A-3550 Langenlois

Eines der international renommiertesten Weingüter Österreichs mit Sitz in Langenlois in der Weinbauregion Kamptal-Donauland. In ihrem historischen Sonnhof, seit 1942 im Besitz der Familie, beweisen die drei Brüder Edwin, Paul und Karl Jurtschitsch, daß selbst große Güter auf breiter Front hervorragende Weine herstellen können. 33 Hektar umfaßt das 1541 erstmals als »Haus am Kloster« erwähnte Gut heute.

Ein Besitz, der eine konsequente Arbeitsteilung unter den Brüdern notwendig machte. Edwin, Absolvent der Weinbauschule Geisenheim, zeichnet für die Weinberge verantwortlich, deren Trauben Kellermeister Paul vinifiziert. Der jüngste Bruder, Karl Jurtschitsch, kümmert sich unterdessen höchst professionell um das Marketing. Wenn die drei »Winzer des Jahres 1993« der österreichischen Weinzeitschrift »Falstaff« sich auch noch ans Destillieren machen, versteht sich von selbst, daß Wein- und Tresterbrände nicht fehlen dürfen.

Der naturnahe Ansatz der Jurtschitschs, die schon vor zwanzig Jahren in Vorreiterfunktion auf Grünbepflanzung und Kompostdüngung ihrer Ländereien setzten, um so Insektizide zu vermeiden, kommt auch ihren Bränden zugute. Destilliert wird nicht im eigenen Haus, das überlassen die drei Vollprofis »lieber anderen Könnern«. Allerdings werden vor Ort die besten Voraussetzungen für klar strukturierte Brände geschaffen, die, bewußt als Linie konzipiert, zum Weiterverkosten in der gemütlichen Probierstube »Alt-Sonnhof« verleiten. Ob Marillenbrand, Weinbrand vom Grünen Veltliner, vom Chardonnay oder vom Riesling, Zweigelt Rosé-Brand oder Hefebrand (österreichisch: Geläger) vom Riesling – für die Freunde edlen Weins und gutgemachter Hochprozenter lohnt der Besuch in Langenlois.

MARC VOM CHARDONNAY

Sortenreiner Brand aus der international erfolgreichen Pinot-Spielart Chardonnay, doppelt diskontinuierlich destilliert und im Glasballon harmonisiert (40 %vol, 37,5 cl).

Sehr aromatischer, dabei weinig-runder und eleganter Brand mit tiefgründigem Körper und feinen Bitternoten im Abgang.

JUSTEN

Weingut Meulenhof Stefan Justen
Zur Kapelle 8
D-54492 Erden

Stefan Justen ist einer der innovativen Jungwinzer an der Mosel. Einer derer, die sich auf das Potential ihrer Weinlandschaft besonnen haben und sich die Mühe machen, in schwer zu bearbeitenden Steilhanglagen Trauben anzubauen, deren Weine das einst große Renommee der Mosel wiederaufleben lassen könnten.

Zu den Highlights an der Mosel zählte der 1337 erstmals erwähnte Meulenhof schon lange, der 1804 in den Besitz von Stefan Justens Vorfahren kam: Die gut 4 Hektar Rebbesitz des ehemaligen Mühlenhofes verteilen sich auf die Lagen Erdener Prälat und Treppchen, deren Steilhänge und leichte Schieferböden gute Voraussetzungen für filigran-feinfruchtige Rieslinge bieten, sowie auf die Lagen Wehlener Sonnenuhr und Lösnicher Försterlay – hier erbringen schwere Böden stoffig-markante Weine.

Seit 1935 betreibt die Familie Justen eine Abfindungsbrennerei mit einer diskontinuierlich arbeitenden Kupferbrennblase, in der neben Obstbränden auch Tresterdestillate entstehen.

TRESTERBRAND

Cuvée aus den Trestern
mehrerer guter Jahrgänge,
schonend gepreßt und in
der Hausbrennerei doppelt
diskontinuierlich gebrannt,
Lagerung im Glas
(40 %vol, 50 cl).

*Herbe, grünlich-frische
Akzente im Duft bringen
diesen im Grunde erdigen und
doch freundlichen Brand zum
Schillern, bevor sich am Gaumen kraftvolle Süße bemerkbar
macht.*

ALTER TRESTERBRAND

Cuvée aus Trestern des
eigenen Weingutes, doppelt
destilliert und im Holzfaß
gereift (40 %vol, 50 cl).

*Goldfarbenes Edeldestillat
mit reifer Fruchtnase, durch
ätherische Öle nuanciert;
weinig-frischer Geschmack.*

KAUER

Weingut Dr. Randolf Kauer
Blücherstraße 87
D-55422 Bacharach

Theorie und Praxis unter einen Hut zu bringen, das war 1989 das Anliegen des Absolventen der Geisenheimer Weinbauschule Randolf Kauer. Der Weinbau-Theoretiker, 1993 an der Universität Gießen mit einem Vergleich herkömmlicher und biologischer Weinbaumethoden promoviert, erwarb Steillagen-Parzellen in den Tonschieferverwitterungslagen in Bacharach und Urbar

und baut seither im Nebenerwerb Wein an. Überzeugt von den Möglichkeiten des naturnahen Weinbaus, bewirtschaftet der Önologe sein kleines Gut nach den Prinzipien des Bundesverbandes ökologischer Weinbau – mit durchschlagendem Erfolg, wie ihm auf breiter Front von deutschen Weinjournalisten und vielen anderen Kennern der Materie bestätigt wird.

TRESTER VOM RIESLING

Aus den Riesling-Trestern des Weingutes Dr. Kauer, nur sanft gepreßt und frisch destilliert, im Eichenfaß ausgebaut (45 %vol, 37,5 cl).

Warmer Brand mit angenehm weinigem Duft und würzigem, von starker Kraftentfaltung geprägtem Körper.

KELLER

Weingut Schwarzer Adler Franz Keller
Badbergstraße 23
D-79235 Vogtsburg-Oberbergen

Z u einer Zeit, als Genießer in ganz Deutschland noch süße Weine bevorzugten, da legte sich der streitbare Kaiserstühler Winzer und Spitzengastronom Franz Keller ins Zeug – er stritt für natürliche, durchgegorene Weine, löste damit ein längst fälliges Umdenken aus und wurde zur Kultfigur des önologischen Aufbruchs. Besondere Überzeugungskraft verliehen Franz Keller die eigenen Weine: fruchtig-delikate, gelegentlich auch markante Weine mit zartem Säurespiel. Die gleiche Sorgfalt widmen Franz Keller und sein Sohn und Partner Fritz auch der alten Hausbrennerei des pittoresk-trutzigen Kaiserstuhl-Gasthofs Schwarzer Adler, in der neben guten Obstbränden auch schöne Tresterdestillate entstehen.

FRANZ KELLER'S RULÄNDER-TREBER 1983

Aus vollreifem Traubengut der Rebsorte Grauburgunder doppelt destilliert und lange im Eichenfaß gelagert (42 %vol, 70 cl).

❦ *Festlich opulentes Destillat mit schöner Goldfarbe, reichem Aroma, muskulösem, dabei weichem Körper und eleganter Süße bis in den prunkvollen Abgang – vorbildlich.*

KESSELSTATT

Weingut Reichsgraf von Kesselstatt
Palais Kesselstatt
Liebfrauenstraße 9
D-54290 Trier

Gerhard Gartner ist den Gourmets bestens bekannt: als Küchenchef-Patron im Aachener Spitzenrestaurant Gala setzte er über lange Jahre kulinarische Maßstäbe. Heute tut er desgleichen im Team mit seiner Ehefrau Annegret Reh-Gartner, Gutsdirektor Gerd Nußbaum und Kellermeister Bernward Keiper im Weinbereich.

Eine lobenswerte Entwicklung, die bereits unter Annegret Reh-Gartners Vater Günther Reh begann, der das Gut 1978 übernommen hatte – zu Beginn skeptisch von der konservativen Weinwelt beäugt, hatte der Unternehmer sein Vermögen schließlich nicht mit Super-, sondern mit Supermarkt-Weinen und einem Massensekt Marke »Faber« gemacht. Seiner findigen Nase folgend, investierte der erfahrene Weinhändler jedoch konsequent in die technische Ausstattung und damit in die Qualität des Weingutes und setzte so, in Zeiten des bedauerlichen

Palais Kesselstatt

Niedergangs vieler einst renommierter Güter der Mosel, ein positives Zeichen. Wie es übrigens ein Vorgänger als Gutsherr, Reichsgraf Johann Hugo Casimir aus der 1349 erstmals in Zusammenhang mit Weinbau erwähnten Familie von Kesselstatt, in den Jahren nach 1787 schon einmal getan hatte: Auf kurfürstlichen Befehl ließ der durchsetzungsfähige Landhofmeister in den Weinbergen der Mosel minderwertige Rebsorten durch Riesling ersetzen und legte so die Basis für den darauf folgenden Aufstieg der Weinbauregion.

Die Kesselstattschen Weine genießen heute hohes Ansehen für ihre rassige Fruchtigkeit und das elegante Säurespiel, die sie sich über länger Zeit bewahren können. Zum Gut mit Sitz im barocken Palais Kesselstatt gehören auch eine hübsche Weinstube und ein erstklassiges Restaurant.

ALTER TRESTERBRAND

Sortenreiner Riesling-Trester aus eigenem Traubengut, im Weingut doppelt diskontinuierlich gebrannt und 7 Jahre im Eichenfaß gelagert (42 %vol, 50 cl).

Kindheitserinnerungen: Streuselkuchen, warme Rotweinbirnen, Pflaumenkompott … – dazu eine angenehm würzige Geschmacksentwicklung, die in einem tiefen Bitterton ausklingt.

KLEINDIENST-KAINZ

Horst Kleindienst-Kainz
Gundersdorf 9
A-8511 St. Stefan/Stainz

Das Weingut von Horst Kleindienst-Kainz gehört zu den typischen Vertretern seiner Art in der Steiermark. Auch dieser Winzer hat sich auf den zarten Rosé Schilcher, den Liebling der Region, spezialisiert, der in anderen Teilen des Landes und auch im Ausland oft belächelt wird, in gelungener Vinifizierung jedoch begeistern kann. Schilcher-Qualität hat dem agilen Steirer die begehrte Aufnahme in den »Salon Österreichischer Wein« verschafft.

Daneben pflanzt Horst Kleindienst-Kainz Zweigelt, Klevner und Müller-Thurgau an, den er, wie der Züchter Hermann Müller aus dem schweizerischen Thurgau selbst, allerdings als Riesling x Silvaner bezeichnet. Landes- und mittlerweile europaweit bekannt gemacht haben ihn auch seine Brände, die er in einer typisch bäuerlichen Kleindestille erzeugt. Die Rohware stammt natürlich vom eigenen Weingut. Seine Erfahrung mit der Gärtechnologie kommt auch den Trestern zugute, die reintönig und sauber fermentiert sind und nur aus gesundem Traubengut stammen – Botrytisnoten schätzt Horst Kleindienst-Kainz bei seinen Destillaten ganz und gar nicht. Daher kann er auch nicht in jedem Jahr mit Tresterbränden aufwarten, wohl aber mit schönen Obstbränden aus Trauben, Äpfeln, Birnen, Pfirsichen, Weichselkirschen und Marillen. Daneben werden Weinbrände und Hefeschnäpse erzeugt. Gebrannt wird im Kupferbrennapparat, der nach jedem bis zu sieben Stunden dauernden Feinbrand-Durchlauf aufs sorgfältigste gereinigt wird, um für das nächste Destillat dieselbe Sauberkeit zu garantieren.

SCHILCHER
TRESTERN BRAND 1993

Sortenreiner Brand aus der
Rebsorte Blauer Wildbacher
der Weststeiermark, nur
kurz mit dem Saft vergoren
und frisch destilliert, mindestens 2 Jahre gelagert
(43 %vol, 37,5 cl).

*Ein ausbalanciertes Destillat
mit Frucht- und Rauchnoten
(Pflaume, Leder, etwas Gewürz)
und intensiver Kraftentwicklung
bis in den lange nachklingenden
Abgang.*

WESTSTEIRISCHER
ZWEIGELT
TRESTERN BRAND 1992

Auf der Maische vergorene
Trester bilden die Basis für
diesen Brand aus der Rot-
weinsorte Zweigelt; mindestens 2 Jahre gelagert
(43 %vol, 37,5 cl).

*Sehr traubig-fruchtiger
Brand mit feinen, an
Feuerstein erinnernden minera-
lischen Anklängen, der auf der
Zunge zur hochgerüsteten
Attacke ansetzt.*

KÖNIG

Weingut Robert König
Landhaus Kenner
D-65385 Rüdesheim-Assmannshausen

Bis in die siebziger Jahre hinein war der Weinbau eher Freizeitbeschäftigung für die Familie König – trotz einer Winzertradition von fast 300 Jahren galt ihr Hauptaugenmerk dem Bauen. Erst Großvater Josef und heute Vater und Sohn Robert König vergrößerten das Gut durch Zukauf bester Parzellen im Rüdesheimer Berg Schloßberg und den Assmannshäuser Lagen Höllenberg, Frankenthal und Hinterkirch auf die heute bestockten 6,5 Hektar. Die fast ausschließlich vinifizierten Rot- und Roséweine vom Spätburgunder sind kraftvoll-stoffig und verfügen dank filigraner Säure und Tanninen über gutes Potential.

TRESTERBRAND
VOM SPÄTBURGUNDER 1992

Sortenreiner Jahrgangstrester, doppelt destilliert und mindestens 2 Jahre in gebrauchten Spätburgunder-Eichenfässern gereift (38 %vol, 50 cl).

Funkelnd lachsfarben, mit kräftigen, von Süße bestimmten Fruchtaromen (Pflaume, Kompott, Marmelade) und würzigem Körper, Waldassoziationen – Fichtennadeln, Unterholz, Veilchen.

KREGLINGER

Weingut-Obstbrennerei A. F. Kreglinger
Rathausstraße 2
D-97340 Segnitz/Main

Z eit für sein Hobby bleibt Peter Kreglinger nur im Winter – dann wird im historischen Fachwerk-Winzerhof im unterfränkischen Segnitz die kupferne Brennblase angeheizt, werden sauber vergorene Trester und Obstmaischen gebrannt. Der Nachfahre eines über 700 Jahre zurückverfolgbaren fränkisch-schwäbischen Patriziergeschlechts legt auch bei seinen Bränden Wert auf Tradition: Vor- und Nachlauf werden nicht automatisch, sondern nach sensorischen Gesichtspunkten von Hand abgeschieden – nicht ohne Risiko, führt diese Methode aber zur Ausprägung eines besonders reichen Aromas. Neben Trestern entstehen so duftige Obstbrände aus Zwetschgen, Äpfeln, Mirabellen und Williamsbirnen.

KREGLINGER'S TRESTERBRANNT

Rebsortenreines Destillat aus fränkischem Silvaner, diskontinuierlich destilliert, 6 Monate im Glasballon und weitere 6 Monate in Fässern aus heimischer Spessart-Eiche harmonisiert (40 %vol, 70 cl).

Eine Fülle an »gelben« Eindrücken: Banane, Melone, Mango, dazu sanfte Kräuter, die leider zu schnell verklingen.

KUNTNER

Weingut Erich Kuntner
Obergreith 48
A-8544 St. Ulrich i. G.

Im idyllischen Hügelland der grenznahen Oststeier-mark, wo von alters her die Rebsorte Blauer Wildba-cher zur Schilcher-Erzeugung auf sonnigen, sehr steilen Hängen angebaut wird, kann in zahllosen freundlichen Buschenschenken und bei direktvermarktenden Winzer-

höfen der leichte, hier besonders fruch-tige Schilcher probiert werden. Wichtig-ster Betrieb der Region ist das 2,5 Hektar große Gut von Erich Kuntner, der seine Trauben zur Schilcher-Bereitung mit ei-ner Obstpresse besonders schonend als »Packerl« preßt – in Tücher eingeschla-gen und nur einmal kurz gepreßt, bleiben der Traubenmost hellrosé, die Trester saf-tig und fruchtig; kein Bitterton fällt später bei Wein und Tresterbrand unangenehm auf.

TRESTERBRAND VOM SCHILCHER

Sortenreiner Brand aus der Steiermark-Spezialität Schilcher, einem rassigen, nur kurz mit den Schalen vergorenen Rosé, doppelt destilliert (42 %vol, 50 cl).

Weinig-frisch mit leichten Hefenoten und harmonisch ausgewogenem Körper.

LACKNER-TINNACHER

Fritz Tinnacher
Steinbach 12
A-8462 Gamlitz

Das Weingut Lackner-Tinnacher gilt in der Steiermark als Musterbetrieb, Fritz Tinnacher als Garant
für die verläßliche Qualität seiner fruchtbetonten Weine.
Das 52 Hektar große landwirtschaftliche Gut, 1979 aus
dem elterlichen Gut von Fritz Tinnacher und dem Erbe
von Wilma Lackner-Tinnacher zusammengefügt, umfaßt
nahezu 12 Hektar Weinberge auf Süd-, Südost- und Süd-
westhängen mit extremen Steillagen bis zu 55 Prozent.
Fritz Tinnacher hält hohe Qualität nur dann für erzeug-
bar, wenn der Ertrag strikt begrenzt wird: Im langjährigen
Durchschnitt erntet er nicht mehr als 50 hl/ha, diese dann
aber in Kabinett- oder höheren Prädikatsstufen. Eine weitere Voraussetzung sieht der tatkräftige Steirer in der Auswahl der richtigen Rebsorte für jede Parzelle.
Dank der langjährigen Vorarbeit von Wilma Tinnachers
Onkel Franz Lackner, einem Spezialisten für Rebselektio-
nierung und gründliche Bodenanalysen, sind heute die
Weinberge mit selbstgezogenen Rebstöcken bepflanzt: In
Lagen mit schweren Lehmböden wurde Riesling, Traminer und Grauburgunder (Ruländer) ausgepflanzt, auf
Mischböden aus Sand und Lehm entschied sich Fritz Tinnacher für Weißburgunder, Welschriesling, Muskateller
und Müller-Thurgau.
Beim Ausbau stehen traditionelle Verfahren im Vordergrund, mit denen die charakteristischen Eigenarten von
Rebsorte, Lage und vor allem Jahrgang herausgearbeitet
werden. Die Trauben werden nur sanft gepreßt, der Most
wird nach der Selbstklärung zu 80 Prozent im Holzfaß
ausgebaut – lediglich zartblumige, leichte Weine wie Mus-

kateller oder Welschriesling reifen in Edelstahltanks. Nahezu alle Weine werden trocken ausgebaut, obwohl Fritz Tinnacher durchaus ein Händchen für edelsüße Spezialitäten hat: 1986 gelang ihm ein Ruländer-Eiswein, 1992 dann ein Ausbruch vom Ruländer – eine Sensation in der Steiermark. Mehr als ein Hobby ist auch die kleine Destillerie von Fritz Tinnacher: Auch hier setzt der Steirer auf eigenes erstklassiges Rohmaterial, dessen Charakter er gezielt durch Niedrigtemperatur-Destillation herausarbeitet. Wie die Weine, so sollen auch die Brände ihre Herkunft repräsentieren, was zwangsläufig zu einer nur kleinen, regionaltypischen Palette führt.

WEINBEEREN BRAND 1994

Jahrgangsbrand aus nur kurz angepreßtem Traubengut, langsam bei Niedrigtemperatur destilliert (42 %vol, 50 cl).

Freundlich-fruchtiges Destillat mit dem angenehmen Duft des Muskatellers, konsequente Aromaentwicklung und edel-bitterer Nachklang.

LAIBLE

Weingut Andreas Laible
Am Bühl 6
D-77770 Durbach

Umgeben von den Rebgärten der Südhanglage des Durbacher Plauelrains liegt das seit 1672 im Familienbesitz befindliche Weingut von Andreas Laible. Ein stattliches Anwesen. Keinerlei Maschineneinsatz ist in den 4 Hektar Steilhang-Parzellen mit Granitverwitterungsböden möglich, die Bewirtschaftung erfolgt in Handarbeit. Andreas Laible sieht das keineswegs als Nachteil: »Wir leben mit und für unsere Reben und unseren Wein«, meint der Badener zufrieden.

Das kann er auch sein, denn seine kraftvoll-markanten Rieslinge, seine verspielt-eleganten Spätburgunder und die opulent-fruchtigen Dessertweine werden für ihre konstant hochwertige Qualität in ganz Deutschland geschätzt. Der Ausbau der mehrfach selektionierten Trauben erfolgt in Kleingebinden, bei den Rotweinen setzt der

Winzer auf Maischegärung. Die Weine haben gute Reserven und wurden in der Vergangenheit mehrfach für ihr Niveau ausgezeichnet: Seit 1975 wurde das Weingut mit 8 Bundesehrenpreisen und 13 Landesehrenpreisen bedacht, 1995 kam die Nominierung zum Riesling-Erzeugerpreis hinzu. Neben dem Weinbau

Andreas Laible in seiner Hausbrennerei

betreibt Andreas Laible eine kleine, technisch allerdings hochmoderne Hausbrennerei, in der er die sorgfältig eingemaischten Früchte seiner Streuobstwiesen mit Hilfe einer Kupferbrennblase mit Verstärkerkolonne und Rebholz-Befeuerung zu typischen Schwarzwälder Obstbränden destilliert. Besonders beliebt sind sein Schwarzwälder Kirschwasser, ein sortenreiner Birnenbrand von Williams-Christ-Birnen sowie der Tresterbrand vom Gewürztraminer. Diese Rebsorte bedeckt bei Andreas Laible nur 9 Prozent seiner Anbaufläche, eignet sich aber hervorragend zur Tresterdestillation. Gastfreundlicher Empfang in der hauseigenen Probierstube.

MARC
VOM GEWÜRZTRAMINER

Sortenreiner Brand aus nur sanft gepreßten Trestern der Aromasorte Gewürztraminer, diskontinuierlich in der Hausbrennerei destilliert und im Eichenfaß ausgereift (43 %vol, 70 cl).

Backstubenaromen prägen diesen hellgoldenen, sortentypisch würzigen Brand mit seinem süßen Finish – sehr gelungen.

LANG

Weingut Hans Lang
Rheinallee 6
D-65347 Eltville-Hattenheim

Z wei Rebsorten und ihre Weine haben den Rheingau berühmt gemacht: Riesling und Spätburgunder. Beiden gilt die Liebe des Hattenheimer Winzers Hans Lang, der vor einem Vierteljahrhundert, direkt nach Abschluß seines Weinbau-Studiums in Geisenheim, den väterlichen Betrieb übernehmen mußte und ihn seither zu einem Vorzeigegut des Rheingaus ausgebaut hat.
Er verfügt über Weinbergsbesitz in den Lagen Hattenheimer Wisselbrunnen, Hassel, Schützenhaus, Heiligenberg, Hallgartener Jungfer und Schönhell, Kiedricher Sandgrub und Klosterberg sowie im Spätburgunder-Winkel des Assmannshäuser Höllenberg.
Der bescheidene Önologe, der seine Vornamen Johann Maximilian nur für seine Exklusivlinie benutzt und sich selbst lieber schlicht Hans nennt, setzt auf umweltschonenden Anbau, selektive Handlese und Ganztraubenpressung und baut seine Weine je nach Charakter im Edelstahl, Holzfaß oder im Barrique aus. Das Weingut ist

Familie Lang

Mitglied im VDP und dem Verband CHARTA. Aus eigenem Traubengut werden neben Tresterbränden auch ein Hefebrand vom Riesling sowie ein Weinbrand XO vom Riesling destilliert.

MARC VOM SPÄTBURGUNDER

Aus eigenem Trestergut destilliert, im Holzfaß gereift; unsere Probe Nr. 601 (42 %vol, 50 cl).

🍷 *Goldfarbener Brand mit Marzipanaroma in der Ansprache, rund am Gaumen und gefühlvoll im Abgang – schön.*

TRESTER BRAND VOM CHARDONNAY

Rarität, aus kleinen Mengen Chardonnay-Trestern destilliert und im Holzfaß ausgebaut (42 %vol, 50 cl).

🍷 *Gut gebautes Destillat mit heller, durch grüne Töne (Paprika, Gras) geprägter Nase und angenehm süffigem Geschmack; langer Atem.*

LANIUS-KNAB

Weingut Lanius-Knab
Mainzer Straße 38
D-55430 Oberwesel

D ie Weinberge von Anne und Jörg Lanius liegen im Engehöller Tal der Region Mittelrhein und gehören zu den steilsten Lagen Deutschlands. Dennoch ist Jörg Lanius mit integriertem Weinbau erfolgreich. In den letzten Jahren machte der junge Winzer mehrfach mit filigran-eleganten Rieslingen bei Wettbewerben auf sich aufmerksam und gehört seit kurzem zum VDP. Das Weingut ist seit mehr als zweihundert Jahren in Familienbesitz. Unter der romantischen Jugendstilvilla in Oberwesel-Engehöll sorgt ein doppelstöckiger Gewölbekeller für optimale Ausbau- und Reifebedingungen.

OBERWESELER TRESTER

Sortenreiner Riesling-Trester aus eigenem Lesegut, im Glasballon harmonisiert (40 %vol, 75 cl).

Nussig-warmer, zugleich kecker Riesling-duft führt zu angenehm dezenter Süße und einem schönen Bitterton: ein klassischer Tresterbrand.

LAZARUS

Weingut Familie Lazarus
Langegg 20
A-8511 St. Stefan ob Stainz

A m Fuße des Rheinischkogels, direkt an der Schilcherstraße, befinden sich das Weingut und der urge-
mütliche Buschenschank der Familie Lazarus. Natürlich
heißt die Spezialität hier, wie in der ganzen Steiermark:
Schilcher, der im milden Klima auf vulkanischem Verwit-
terungsboden besonders gut gedeiht. Daneben bauen
Josef und Magdalena Lazarus, unterstützt
von ihren drei als Önologinnen ausgebil-
deten Töchtern, Weißburgunder, Müller-
Thurgau, Zweigelt und Welschriesling
an. Nicht zuletzt werden hier auch Schil-
chersekt und moussierender Schilcher
ausgebaut sowie Wein und Trester destilliert.

SCHILCHER GRAPPA

Doppelt destillierter Brand aus den kurz
mit dem Most vergorenen Trestern der
Rebsorte Blauer Wildbacher
(40 %vol, 37,5 cl).

*Erfrischender, sauberer Tresterbrand
mit weinigem Charakter und
kräftigem Körper.*

LINGENFELDER

Weingut Lingenfelder
Hauptstraße 27
D-67229 Großkarlbach

Ein Vorurteil spricht eigentlich gegen die beiden Großkarlbacher Winzer Hermann Lingenfelder und
seinen Neffen Rainer Karl: Abseits der Hanglagen der
Mittelhaardt sei kein guter Wein zu erzeugen heißt es oft,
und schon gar nicht da, wo die sanften Hügel der Vor-
haardt in die flache Rheinebene übergehen.
Und genau da ist Lingenfelder. Ein nicht in jedem Fall
begründetes Vorurteil, wie die beiden Pfälzer jedes Jahr
beweisen. Zwar verfügen sie nur über Rebgärten in den
leichten Hängen des Großkarlbacher Osterberg und
Burgweg und des benachbarten Freinsheimer Musikan-
tenbuckel und des Goldberg – aber 13 Generationen
erfolgreicher Winzer können sich nicht irren, wie Rainer
Lingenfelder betont, dessen Vorfahren seit 1502 hier
Weinbau betreiben.
Wichtigste Rebsorte ist der Riesling, daneben spielen
Spätburgunder und Scheurebe eine wesentliche Rolle. Er-
tragsbegrenzung und frühe Lese sichert den in der reichen Pfälzer »Gemüseerde« aus Sand, Kies und Löß ge-wachsenen Weinen die feste Struktur, die für den schonenden Aus-bau in großen Holzfäs-sern gebraucht wird. Daneben haben die Er-fahrungen aus mehr-

Weingut in »Deutschlands Toskana«

jähriger Tätigkeit in Bordeaux, Australien und Neusee-
land bei Rainer Lingenfelder den Blick für die Vorteile der
Tradition wie der Innovation geschärft: Seine extraktreichen Spätburgunder baut er bevorzugt im Barrique aus
und hat sich hierfür einen guten Namen gemacht. Seit
den siebziger Jahren ließen die Lingenfelders ihr Obst und
auch mal einen Trester von einem befreundeten Winzer
brennen, bis sie 1986 ein Brennrecht erwerben konnten.
Seither wird in einer Holstein-Anlage mit Verstärker in
einem Durchgang über Holzfeuer destilliert – Hobby und
Leidenschaft von Seniorchef Hermann Lingenfelder.

SPÄTBURGUNDER
TRESTER 1990

Rebsortenreines Destillat mit einem
Mostgewicht von 100 Grad Öchsle, mit
dem Most vergoren und diskontinuierlich destilliert (40 %vol, 50 cl).

*Zitrusnoten und Lavendel bestimmen den
Duft dieses interessanten Brandes, der
leichtfüßig daherkommt, aber im Abgang
durchaus Kraft entfaltet.*

LOBNER

Gerhard Lobner
Hauptstraße 62
A-2261 Mannersdorf

Traditionsbewußtes niederösterreichisches Weingut, östlich von Wien im Weinviertel nahe der Grenze zur Slowakei gelegen. Im pannonischen Klima gedeihen auf tiefgründigen Lehm- und Lößböden dank der frühherbstlichen Nebel erstklassige edelsüße, botrytistönige Weine, deren Trester Ausgangsmaterial für Gerhard Lobners Edelbrände liefern. Der Ausbau erfolgt ausnahmslos in Eichenfässern, die den zahlreichen Sorten wie Grüner Veltliner, Welschriesling, Rheinriesling, Müller-Thurgau, Chardonnay, Scheurebe, Gewürztraminer, Zweigelt und Cabernet Sauvignon erst ihre wunderbar runde Fülle verleihen. Die Qualität der Weine beweisen die zahlreichen Auszeichnungen, die der Betrieb im Laufe der Jahre erhalten hat. Von dem hohen Niveau der Brände, zu denen neben sortenreinen Tresterbränden auch ein Wein- und ein Gewürztraminer Traubenbrand gehören, kann man sich auch im gemütlichen Probierstübchen des Gutes überzeugen.

CABERNET SAUVIGNON TRESTERBRAND 1994

Aus sortenreinen, mit dem Most vergorenen Cabernet-Sauvignon-Trestern destilliert, Goldmedaille der DESTILLATA 1994 (42 %vol, 35 cl).

🍷 *Betörend Weiniges aus dem Weinviertel ... ein runder, weicher und fruchtiger Brand mit enormer Kraft, Würze und präsenten Bittertönen im langen Abgang.*

GEWÜRZTRAMINER TRESTERBRAND 1994

In der Hausbrennerei aus botrytishaltigen Gewürztraminer-Trestern gebrannt, Auszeichnung der Niederösterreichischen Weinmesse in Krems 1996 (42 %vol, 35 cl).

🍷 *Leicht exotischer, doch mit erkennbarer Herkunft ausgestatteter Brand, der seine »gelben« Fruchtnoten (Orange, Papaya, Mango, Melone) bis in den voluminösen Abgang mitzieht.*

RIESLING TRESTERBRAND 1994

Sortenreines Destillat, im Weingut aus Rheinriesling-Trestern gebrannt und im Glasballon harmonisiert (42 %vol, 35 cl).

🍷 *Die Rassigkeit des Rieslings paart sich hier mit kräftigen Herbstwaldaromen (Laub, Unterholz, Moos) und sattem, vollem Geschmack. Ausdrucksstark und lang.*

DR. LOOSEN

Weingut Dr. Loosen
St. Johannishof
D-54470 Bernkastel-Kues

Einer der Shooting-Stars an der Mosel: Als Ernst Loosen 1984 nach einem Studium der Weinbau- und Getränketechnologie ins väterliche Weingut zurückkehrte, das er 1988 ganz übernahm, galten die Weine des seit Generationen im Familienbesitz befindlichen Traditionshauses St. Johannishof (trotz guter Weinberge in den Lagen Erdener Treppchen und Prälat, am Bernkasteler Kurfürstlay und an der Wehlener Sonnenuhr) nicht gerade als Aushängeschilder ihrer Region.

Das sollte, ja das mußte sich schnell ändern: Gegen den erbitterten Widerstand der gesamten Belegschaft (die am ersten Lesetag des Jahres 1987 geschlossen kündigte) setzte Erich Loosen zusammen mit seinem neuen und gleichgesinnten Kellermeister Bernhard Schug qualitätsorientierte Veränderungen durch.

Durch extreme Ertragsbegrenzung der im Durchschnitt 60 Jahre alten, wurzelechten Reben, mit Hilfe selektiver Lese, vorsichtiger Kelterung und langsamer Vergärung ohne Reinzuchthefen wurden seither markante, fruchtwürzige Rieslinge voller Charakter vinifiziert, die mit 97 Prozent den Löwenanteil ausmachen.

Eine Spezialität des mittlerweile zur europäischen Spitze gerechneten Gutes ist der im Barrique gereifte Rivaner aus ökologischem Anbau.

RIESLING-TRESTER

Dreifach destillierter, sortenreiner Riesling-Trester aus
besten Lagen der Mosel, im
Glasballon harmonisiert
(43 %vol, 50 cl).

🍷 *Ausdrucksvoll duftender
Riesling-Brand mit leichtem
Mineralton, am Gaumen
würzig, mit guter Kraftentwicklung.*

RIESLING-TRESTER

In gebrauchten Barriques
aus Limousin-Eiche gelager-
ter Riesling-Trester, dreifach
destilliert (43 %vol, 50 cl).

🍷 *Tiefe Goldfarbe; fruchtbetont, mit gut integrierten
Sekundäraromen und angenehm
harmonischem Gesamteindruck.*

MACHHÖRNDL

Thomas Machhörndl
Gärtnerweg 4
A-3620 Spitz

A ls »Yuppie« sieht sich der erfolgreiche Wiener Werbe-
fachmann Thomas Machhörndl nun wirklich nicht:
Statt seine Freizeit mit fashionablen Funsportarten zu ver-
trödeln, hilft er lieber seinem Vater Franz im kleinen, zärt-
lich »Donaugütl« genannten Familienweingut in Spitz an
der Donau. Dort, wo warmes pannonisches und kühles,
rauhes Nordklima aus dem Waldviertel aufeinandertref-
fen, entwickeln die Weine eine ganz eige-
ne Geschmacks- und Bukettnote. Diese
Aromen auch aus den in der kleinen
Hausdestille gebrannten Tresterschnäp-
sen herauszuholen, das ist für Thomas
Machhörndl sein ganz persönlicher
Sport – den er kenntnisreich und fast
professionell betreibt …

WACHAUER
GRÜNER VELTLINER
TREBERNBRAND 1995

Von den Rebstöcken des »Donaugütl«
stammen die nur wenig gepreßten
Trester der Wachauer Spezialität Grüner
Veltliner (46 %vol, 70 cl).

Männlich-muskulöser Brand mit
eigenwilligem Aroma nach Kräutern,
Eukalyptus und Tabak, stoffig-dicht mit
intensivem Nachklang. Außergewöhnlich.

MÄNNLE

Weingut Heinrich Männle
Sendelbach 16
D-77770 Durbach

K onservativ, gradlinig, aber auch aufgeschlossen« –
eine Selbstdarstellung des Badener Erfolgswinzers
Heinrich Männle, die sowohl ihn als auch seine Weine be-
schreibt. Traditionell ist beispielsweise die Wahl der Rebsorten, die auf den heißen Granitverwitterungsböden der
besten Durbacher Lagen Kochberg, Plauelrain und Öl-
berg wachsen: mehrheitlich Spätburgunder, daneben
Weiß- und Grauburgunder, Scheurebe, Riesling, Müller-
Thurgau, ein wenig Gewürztraminer.

Bodenständig auch die sinnvolle Ertragsbeschränkung,
selektive Lese und der Ausbau im Holzfaß, dem bei den
Rotweinen eine geruhsame Maischegärung vorausgeht.
Aufgeschlossen zeigte sich Heinrich Männle dagegen
dem Ausbau im Barrique – in der Ortenau wurden besonders schnell erstklassige Ergebnisse mit dieser an Frankreich orientierten Ausbauart erreicht.

Obwohl die meisten Weine durchgegoren sind, verfügt
Heinrich Männle über Süßweinraritäten längst vergange-
ner Jahrgänge, die regelmäßig mit Landesauszeichnungen
bedacht wurden. Bekannt wurde der Durbacher auch
durch seine Obstbrände, die er in seiner kleinen Destille
im Weingut aus den sehr sorgfältig eingemaischten Williamsbirnen und Schwarzwälder Süßkirschen seiner
3 Hektar Obstanlagen brennt. Die Tresterbrände des
Weingutes entstehen aus sorgfältig behandelten Trestern,
die gleich nach abgeschlossener Fermentation zur Destillation gelangen. Für Liebhaber feiner Liköre auf Trester-
basis erzeugt Heinrich Männle zudem einen Weintrester-
brand aus der Scheurebe mit feinen Fruchtauszügen.

WEINTRESTER-BRAND 1993

Trester-Cuvée aus den nur
wenig gepreßten und sorg-
fältig fermentierten Burgun-
der-Trestern des Weingutes,
doppelt destilliert
(45 %vol, 70 cl).

*Lindenblüten und Akazie
bestimmen den ersten
Eindruck dieses verschmitzten,
harmonisch zwischen Süße und
Bitterkeit austarierten Brandes.*

WEINTRESTER-BRAND 1985

Jahrgangsdestillat aus dem
guten Jahr 1985, sortenrein
aus Scheurebe-Trestern destilliert (45 %vol, 50 cl).

*Sehr trestertypischer Brand
mit versammeltem Bukett,
in dem Orangentöne vor Nuß
dominieren, körperreich, mit
üppiger Süße und langem,
leckerem Finish.*

MARIELL

Weingut Mariel
Hauptstraße 74
A-7051 Großhöflein

Weingut mit langer Weinbautradition, das unter Franziska Lang, der Mutter der heutigen Eigentümerin Gabi Mariel, bereits die ersehnte Aufnahme in den »Salon Österreichischer Wein« für die besten 200 Weine eines Jahrgangs schaffte. Heute bewirtschaften Gabi und Richard Mariel die 5,5 Hektar großen Weingärten.

Daneben destilliert Richard Mariel in seiner seit 1990 bestehenden Abfindungsbrennerei schöne, reintönige Brände, die er unter der im vorigen Jahrhundert üblichen Schreibweise seines Familiennamens etikettiert. Obst und Trauben für die Destillate werden zum richtigen Zeitpunkt geerntet und unter Verwendung von Reinzuchthefen bei kontrollierter Temperatur optimal vergoren. Die Destillation erfolgt bei Niedrigtemperatur, die Ausbeute ist gering spiegelt jedoch den Jahrgang bestmöglich wider. Die Lage-

rung erfolgt meist in Glasballons, manche Brände werden
aber auch in Eschen- oder Eichenholzfässern ausgebaut.

TRESTERBRAND
VOM CHARDONNAY 1991

Tresterbrand aus der kleinen Menge Chardonnay des
Weingutes im Hügelland des Neusiedlersees, im Glasballon harmonisiert (42 %vol, 50 cl).

*Sanftes Destillat mit den etwas neutralen, dabei feinen
Chardonnay-Zügen – Feuerstein, Gräser, ein Hauch Frucht.*

TRESTERBRAND
VOM CABERNET SAUVIGNON 1991

Sortenreiner Brand aus auf der Maische vergorenen
Trestern der am Neusiedlersee schnell heimisch gewordenen, international renommierten Rebsorte Cabernet
Sauvignon, im kleinen Faß aus Eschenholz ausgereift
(42 %vol, 50 cl).

*Strohblond, mit heller Kräuter-Fruchtnase und dezenter
Süße, die im Abgang zu leichter Bitterkeit tendiert.*

TRESTERBRAND
VOM GEWÜRZTRAMINER 1992

Jahrgangsbrand aus der Aromasorte Gewürztraminer
des Jahrgangs 1992, im Glasballon ausgereift
(42 %vol, 50 cl).

*Tiefgründiges, komplexes Destillat mit typischen Gewürz-
traminernoten: Gräser, Blüten, etwas sommerliche Frucht und
ein »Nachbrenner-Effekt« am Gaumen.*

MARIENTHAL

Staatliche Weinbaudomäne Marienthal
Klosterstraße
D-53507 Marienthal

I n einem verwinkelten Tal der Weinbauregion Ahr liegt die Staatliche Domäne Marienthal in landschaftlich schöner Lage. Das Gut geht zurück auf eine klösterliche Stiftung aus dem Jahr 1137 und zählt mit 16 Hektar Weinbergsbesitz zu den größten und auch bekanntesten Gütern des kleinsten deutschen Anbaugebiets. Heute im Besitz des Landes Rheinland-Pfalz, nimmt die Domäne unter Direktor Wolfgang Frisch die Position einer Landesversuchsanstalt ein – hier werden neue, noch nicht klassifizierte Rebsorten erprobt. Die Spitzenlagen heißen Ahrweiler Rosenthal und Silberberg sowie Marienthaler Klostergarten. Hier wachsen vorwiegend Rotweinsorten wie Spätburgunder, Portugieser, Dornfelder und Domina.

TRESTERBRAND

Im Holzfaß ausgereifter Brand, Trester-Cuvée aus verschiedenen Rotweinsorten des VDP-Weingutes (43 %vol, 50 cl).

🍷 *Genußreicher, appetitanregender Duft mit apfeltönigem Blütenbukett und saftigem, im Abgang trockener werdendem Geschmack – ein sehr harmonischer Tresterbrand.*

MATHIER

Nouveau Salquenen Adrian Mathier & Co.
CH-3970 Salgesch

Seit mehr als sechs Jahrhunderten beschäftigen sich die Vorfahren von Adrian Mathier mit dem Weinbau. Erstmals wurde die Familie im kleinen Walliser Weinort Salgesch 1387 urkundlich erwähnt. Neben den Trauben der eigenen 22 Hektar Weinbergsbesitz vinifiziert der Seniorchef des Hauses mit seinen Söhnen Pierre-Alain, Yvo und Diego die Trauben weiterer 100 Hektar bester Walliser Lagen zu Weinen, die bereits zahlreiche Auszeichnungen gewinnen konnten. Gäste sind der Hausherrin Rosemarie jederzeit in der Kellerei willkommen, die über gute Verkostungsmöglichkeiten verfügt.

MARC DE DÔLE DE L'ENFER

Rotwein-Tresterbrand aus der Cuvée-Spezialität Dôle des Kanton Wallis, der aus den Rebsorten Spätburgunder und Gamay zusammengestellt wurde und traditionell offen in kleinen Eichenfässern mit dem Most vergoren wurde (43 %vol, 70 cl).

Goldfarben, von gewürzbetonter Dominanz mit vorweihnachtlich akzentuierter Frucht, dabei weich, reif, harmonisch.

MEIER

Weingut Zum Sternen Andreas Meier & Co.
Rebschulweg 2
CH-5303 Würenlingen

Dieses Weingut mit eigener Rebschule zählt zu den bekanntesten der Schweiz. Der Ostschweizer Winzer Anton Meier und sein Sohn Andreas keltern hervorragende Weine aus all ihren Rebsorten. Vom Müller-Thurgau über den Sauvignon Blanc, Gewürztraminer, Chardonnay bis hin zu Dornfelder und Pinot Noir – der Spaß am Experiment in Weinberg und Keller läßt eine verblüffende Fülle an Varianten zu, deren Flaggschiff wohl der maischevergorene, im Holzfaß gereifte Pinot Noir aus der Lage Kloster Sion ist. Um diesen Wein zu probieren, muß man allerdings das zum Weingut gehörige Restaurant zum Sternen aufsuchen – eine Mühe, die sich lohnt.

STERNEN MARC

Sortenrein aus den Trestern des Pinot Noir gebrannt und zunächst im Glasballon harmonisiert, dann über 5 Jahre in kleinen Eichenfässern gelagert (42 %vol, 75 cl).

Amberfarben, mit einem an VSOP-Cognac erinnernden Blütenaroma über satter Frucht, sehr mild und lang mit leicht herbem Nachklang.

METTERNICH–SÁNDOR

Schloßweingüter Metternich-Sándor
Talstraße 162
A-3491 Straß im Straßertal

D ie Orientierung geht eindeutig Richtung Frankreich: Für Franz Albrecht aus dem alten österreichischen Fürstengeschlecht Metternich-Sándor ist im Gegensatz zu vielen seiner Nachbarn nicht die Lage, sondern der Stil eines Weingutes entscheidendes Argument bei der Vermarktung. Der Name seines »Châteaus« – des aufwendig restaurierten Schlosses Grafenegg im Weinbaugebiet Kamptal-Donauland, nur eine Autostunde von Wien entfernt – steht für ungebrochene Tradition und beste Qualität. 70 Hektar Weinbergsfläche in den besten Lagen von Krems, Straß, Zöbing, Hadersdorf und Schönberg gehören zum Gut. Schon in den sechziger Jahren wurde hier die natürliche Begrünung wieder eingeführt. Nicht nur Biotope wurden so wiedererweckt, es konnte auch auf Dünger verzichtet werden, was ebenso wie die Umstellung auf die »Metternich-Eindraht-Erziehung«

Das »Salettl«

den Reben und mithin dem Wein zugute kam. Unter der Regie von Gutsdirektor Dr. Gerhard Tragauer vinifiziert der Weinbauingenieur Franz Glück in den Kellern aus dem 16. Jahrhundert filigran-elegante Weine, die sich dem Kunden nicht nur geschmacklich, sondern auch durch Angabe ihrer Analysedaten öffnen.

Das Konzept des fürstlichen Weingutes war so erfolgreich, daß sich schnell weitere Güter aus Adelsbesitz anschlossen, die ihre Weine ebenfalls nach französischem Vorbild unter dem Domänennamen von den Schloßweingütern vermarkten lassen: das Starhembergsche Weingut im Senftenberg, das Weingut Khevenhüller-Metsch in Leodagger sowie das Weingut Abensperg-Traun in Maissau. Die Weine all dieser Weingüter mit k.u.k.-Tradition können im Salettl der Gutsverwaltung, einem zierlichen barocken Lustschlößchen, verkostet werden.

RIESLING TRESTERNBRAND

Sortenreines Destillat aus dem Rheinriesling, nach alter Tradition doppelt diskontinuierlich destilliert
(42 %vol, 50 cl).

Eine eigenwillige Interpretation des Rieslings, aber nicht ohne Charme – dank eleganter Süße und kraftvollem Körper.

MOSER

**Wein- und Sektkellerei Hans Moser
St. Georgener Hauptstraße 13
A-7000 Eisenstadt**

Eine Flasche Wein pro Rebstock – mehr Ertrag darf's nach Hans Mosers Vorstellung nicht sein, will er sein hohes Niveau halten. Auf 6 Hektar eigener Fläche und 8 Hektar Vertragsland wachsen die Trauben, die der junge Weinbaumeister seit 1985 auch experimentell in Barriques aus Eiche oder Akazie, Kastanie und Maulbeerbaum ausbaut. Blaufränkisch und Cabernet Sauvignon sind seine Hauptsorten, durch Chardonnay, Welschriesling und Grüner Veltliner ergänzt. Seit 1988 stellt Hans Moser Sekte nach der Champagnermethode her, seit 1989 destilliert er Wein, Trester und Weinhefen, was ihm bereits eine Auszeichnung als »Schnapsbrenner des Jahres« bei der internationalen Fachmesse DESTILLATA bescherte.

TRESTERBRAND

Aus nicht oxidierten Trestern mit 95 Grad Öchsle; in der Hausbrennerei gebrannt, mindestens 4 Jahre im Edelstahl gereift (42 %vol, 50 cl).

Auch der berühmte Namensvetter hätte nichts zu »mosern« gehabt: Die helle, erfrischende Nase wird reizvoll durch »medizinische« Untertöne ergänzt; auf der Zunge angenehm leicht.

MÜLLER

Weingut Max Müller I
Hauptstraße 46
D-97332 Volkach

Z wischen zwei Tortürmen, mitten im mittelalter-
lichen Städtchen Volkach an der Volkacher Main-
schleife, liegt das trutzige, 1692 erbaute Anwesen des
Weingutes Max Müller I.
Heute bewirtschaftet der agile Rainer Müller in dritter
Generation das renommierte Weingut mit Rebflächen in
besten Lagen von Volkach und der Nachbargemeinde
Sommerach, wo Benediktinermönche bereits im 9. Jahrhundert Wein anbauten. Kein Wunder, liegen doch die

Weinberge von Volkach und
Sommerach auf der im Mittel-
alter »Summeraha« – Som-
merland – genannten Seite
des Mains. Hier, auf Muschel-
kalkverwitterungsböden mit
Ton- und Lößanteilen, wachsen fruchtig-intensive Weine
mit einer ausgeprägten Erd-
note, allen voran die Erzeugnisse aus der fränkischen Tra-

Maria im Weingarten   ditionssorte Silvaner. Mit 65
Hektar gehört das Weingut Max Müller I zu den großen
der Region. Dennoch kauft der um neue Vermarktungs-
ideen nie verlegene Rainer Müller Trauben zu, die er nach
eigenen Vorstellungen ausbaut.
Ein kleines Sortiment erstklassiger Obstbrände und
Weindestillate sollte sein überlegt gestaltetes Programm
abrunden. Doch das Destillieren war Müllers Sache nicht.
Also verkostete er die Brände einheimischer Kleinbrenner,

bis er seine Favoriten fand, deren Brände er nach eigenen Vorstellungen im Keller harmonisiert und ausbaut.

Ein Konzept, das aufgeht. Seine fränkischen Edelbrände, darunter die komplexen Destillate aus fränkischen Mirabellen und aus Williamsbirnen, sind schöne Beispiele regionaler Brenntradition und finden sich auf den Digestifwagen zahlreicher deutscher und internationaler Spitzenrestaurants.

TRESTERBRAND VOM SILVANER

Sortenreiner Brand aus der vielleicht typischsten Sorte Frankens, in einer Volkacher Kleinbrennerei doppelt diskontinuierlich destilliert und im Glasballon harmonisiert (40 %vol, 50 cl).

🍷 *Feinwürziges Destillat, geradlinig und elegant dank einer dezent süßen, an weiße Tafeltrauben erinnernden Nase und intensivtrockenem, langem Geschmack.*

ORTENBERG

Weingut Schloß Ortenberg
Burgweg 19a
D-77799 Ortenberg

S eit 1950 im Besitz des Landkreises Ortenau, wurde das 7,5 Hektar große Weingut (das Schloß Ortenberg selbst gehört dem deutschen Jugendherbergswerk) als Musterbetrieb für die örtlichen Winzer konzipiert, die hier die Ergebnisse neuer Methoden in den Bereichen Düngung, Schädlingsbekämpfung und Sortenzucht sehen sollten. Schnell erweiterte sich die Aufgabenstellung – das Weingut ist heute Musterbetrieb in der Weinbergbegrünung, der herbizidfreien Bodenpflege, im Einsatz von Nützlingen und in der Erprobung von Prognoseverfahren zur Pilzbekämpfung.

Seit 1991 leitet der Diplom-Ingenieur für Weinbau und Kellerwirtschaft Winfried Köninger das Gut, dessen Vinifizierung er konsequent auf die Erzeugung hoher Qualitäten umgestellt hat, die seiner Überzeugung nach gerade in naturnah arbeitenden Betrieben zu erzielen sind. Gleich zu Beginn seiner Tätigkeit erkannte der erfahrene Önologe die Möglichkeiten, seiner Weinkundschaft heimische Tresterbrände statt italienischer Grappa nahezubringen. Seither werden ausschließlich Trester des aromatischen Gewürztraminers und des auf der Maische vergorenen Spätburgunders bei einem benachbarten Kleinbrenner gebrannt.

Die Bezeichnung seiner Brände nicht etwa als Grappa oder Marc, sondern als »Tresterbranntwein« ist ihm ein besonderes Anliegen: »Deutsche Trester haben ihre eigene Identität, die sich fühlen und schmecken läßt – dazu sollten wir Erzeuger stehen.«

TRESTER VOM BLAUEN SPÄTBURGUNDER

Sortenreines Destillat aus mit der Maische vergorenen Trestern, sofort nach dem Abstich doppelt gebrannt und mit dem Lutter abgeschmeckt, um die Aromaausbeute zu erhöhen (43 %vol, 50 cl).

Explosive Würze und der konsequente Entwicklungsverlauf dieses ländlichen Brandes machen bei jedem Schluck Freude.

TRESTER VOM GEWÜRZTRAMINER

Nach der Kelterung wurden die Trester des Gewürztraminers drei Wochen sorgsam vergoren, nach Abschluß der Fermentation schnell gebrannt und ein Jahr im Eschenholzfaß gereift (43 %vol, 50 cl).

Hellgolden, von gebändigter Kraft geprägt, mit schönem, floral-femininem, durch Zitrusnoten akzentuiertem Duft und würzigem Finish.

OTTIGER

**Weingut Rosenau Toni Ottiger
CH-6047 Kastanienbaum**

Toni Ottiger ist ein typischer Vertreter der innovativen Jungwinzer. Mit dem Mut der Jugend, gestützt auf profundes Wissen, stürzte sich der ehemalige Bankangestellte in sein Abenteuer: Um im zentralschweizerischen Kanton Luzern Wein anzubauen, braucht man einen direkten Draht zum Wettergott.

Hagelgefahr und Vogelreichtum gefährden die Erträge der wenigen Weinberge, die sich seit der hier erst um 1950 eingetretenen Reblauskatastrophe nur langsam erholt haben. Seine früheren Erfolge im Windsurfen machten Toni Ottiger Mut: Im nur einen Steilhang-Hektar großen

Weingut Rosenau in Kastanienbaum am Vierwaldstättersee baut er Müller-Thurgau und Spätburgunder an, ein weiterer Hektar in Gelfingen am Baldeggersee ist zusätzlich mit Grauburgunder bestockt. Die Luzerner reißen dem jungen Winzer die Weine aus den Händen – um so mehr, als ihn 1992 und 1993 sein Glück verließ: Hagelschauer vernichteten fast die ganze Ernte.

So träumt Toni Ottiger heute von wettersicherem Rebland in Frankreich und übt sich derweilen in modernem Marketing: Die von örtlichen Künstlern gestalteten Etiketten machen die Weine ebenso zu Sammlerstücken wie ihre Kombination aus Qualität und Rarität.

MARC 1995

In einer örtlichen Kleinbrennerei gebranntes Tresterdestillat, Cuvée aus den Burgundersorten Grau- und Spätburgunder, mehrere Monate im Eichenfaß gereift (42 %vol, 50 cl).

Goldener Brand mit duftigem, fast leichtherzig-vergnügtem Aroma und vollem, angenehm weichem und fruchtigem Körper.

MARC VON RIESLING x SYLVANER 1995

Sortenreiner Jahrgangs-Marc aus Trestern der in der Schweiz als Riesling x Sylvaner bezeichneten Rebsorte Müller-Thurgau (45 %vol, 50 cl).

Destillat, das seine reizvolle Wirkung aus dezent-frischem Fruchtaroma und der bittersüßen Kraft bis in den langen Schluß gewinnt.

PHILIPPI

Weingut Koehler-Ruprecht
Weinstraße 84
D-67169 Kallstadt

Bernd Philippi gehört zu den Ausnahmewinzern in der Pfalz – weil er auf Tradition setzt und damit Weine erzeugt, wie man sie so voll harmonischer Kraft in der Pfalz kaum findet? Weil er sich und seinen Weinen im Keller Zeit gönnt, damit sich alle Talente und Anlagen voll entfalten können? Oder weil er sämtliche Verfahren der guten alten wie der heutigen Zeit an der richtigen Stelle einsetzt, um runde, ausgewogene Weine mit Potential zu erzeugen? Fest steht, daß die Kreszenzen des seit 300 Jahren im Familienbesitz befindlichen Weingutes dank der Kompetenz und Geduld des Hausherrn zum Besten gehören, was in Süddeutschland zu finden ist – was man auch vom Tresterbrand sagen kann.

MARC

Aus den Trestern des Weingutes Koehler-Ruprecht destilliert und im Eichenfaß ausgereift (50 %vol, 50 cl).

Bernsteinfarbener Brand mit weichem, elegantem, durch sanfte Sekundäraromen akzentuiertem Aroma (Orange, Trauben, Pflaumen, Zimt, Karamel), das am Gaumen in einem unbändigen Kraftausbruch zu explodieren scheint. Lang!

PRÜM

**Weingut S. A. Prüm
Uferallee 25–26
D-54470 Bernkastel-Wehlen**

Eine Erbteilung in der seit dem 12. Jahrhundert an der Mosel Wein anbauenden Familie Prüm im Jahre 1911 ließ Sebastian Aloys Prüm das Gut S. A. Prüm gründen – weitere bekannte Güter entstanden bei gleicher Gelegenheit.

Der Anteil von Sebastian Aloys – immerhin 7,5 Hektar in den hervorragenden Lagen der Wehlener Sonnenuhr, dem Bernkasteler Graben und Lay sowie im Graacher Himmelreich und Dompropst – bot seinem Enkel Raimund bei der Übernahme zwar gute Voraussetzungen für die Weinerzeugung, finanziell durchlebte das Gut allerdings einige schwierige Zeiten, bevor durch eine kräftige Kapitalspritze der Bernkasteler Ärztin Dr. Renate Willkomm wieder alles ins Lot kam. Die Weinkollektionen der letzten Jahre zeigen denn auch, was Raimund Prüm zu leisten versteht, wenn in Weinberg und Keller alles optimal läuft: Reintönige, saftige Rieslinge mit eleganter Säurestruktur und guten Zukunftsaussichten sind nun wieder das Markenzeichen des Gutes, wobei die besondere Betonung auf höheren Prädikaten bis hin zum Eiswein liegt.

Raimund Prüm

Dank eines hohen Anteils an alten, wurzelechten Reben sind die Erträge gering, die Extrakte dafür um so höher. Eine Zeit der Ruhe in Fuderfässern rundet die langsame, dabei sorgsam kontrollierte Fermentation auf der Hefe ab und gibt den Rieslingen die nötige Balance, um im edel-süßen Bereich ein mehrere Jahrzehnte umfassendes Potential zu erzeugen.

RIESLING TRESTERBRAND

Rebsortenreiner Brand aus nur sanft gepreßten Trestern von Riesling aus Moselaner Steillagen (42 %vol, 50 cl).

Herb-erdiges Destillat mit noblen Rieslingaromen und weichem, intensiv weinigem Körper – schön, vorbildlich.

REBHOLZ

Weingut Ökonomierat Rebholz
Weinstraße 54
D-76883 Siebeldingen

Schon lange bevor sich viele Winzer der Südpfalz auf die Qualitäten und Möglichkeiten ihrer Heimat besannen und der Produktion von Billigweinen abschworen, in den schweren Zeiten nach dem Zweiten Weltkrieg, war der Siebeldinger Weinbauer und Ökonomierat Eduard Rebholz einen schweren Weg gegangen.

Natürlich sollten seine Weine sein, nicht angereichert und völlig durchgegoren – ein damals revolutionäres Konzept, mit dem der auf 300 Jahre Familientradition zurück-

schauende Winzer bei seinen Kollegen stark in der Kritik stand. Sein Enkel Hans-Jörg hat es heute sehr viel leichter, die Anerkennung für sein konsequentes Verfolgen der von Großva-

Weingut im historischen Fachwerkhaus

ter und Vater vorgezeichneten Linie zu erhalten: Seine charaktervollen, floral-fruchtigen Weine mit kräftigem Säurekorsett sind bei Kennern geschätzt.

Allerdings, Geduld muß sein, bis die schlanken, eleganten Weine aus Riesling, Gewürztraminer, Müller-Thurgau, Weißburgunder, Chardonnay und Grauburgunder ihre Sturm-und-Drang-Phase hinter sich und ihre Aromenvielfalt und die Fruchtsäure harmonisch integriert haben. Einige besonders extraktreiche Weine, vor allem aus Spätburgunder gekeltert, baut Hans-Jörg Rebholz im Barrique aus Allier- oder Limousin-Eiche aus. Weine, die erst nach und nach in den Handel kommen. Hier lohnt es sich, zu warten.

Etwas weniger Geduld braucht der Freund von im Eichenholz gereiften Weinen. Besonders die beiden Burgunder-Varianten Chardonnay Tafelwein »R« und Weißburgunder »R« gefallen mit ihren dezenten, die reiche Frucht kraftvoll untermalenden Holznoten, die sie der Lagerung in neuen Barriques aus Allier-Eiche verdanken. Weine für Kenner.

GEWÜRZTRAMINER TRESTER BRAND

Sortenreines Destillat aus der für die Destillation besonders gut geeigneten Rebsorte Gewürztraminer (42 %vol, 50 cl).

Eigenwilliger, dabei feiner Brand mit einem abwechslungsreichen, durch Paprika und Pfeffer pikant akzentuierten Blütenbukett und kräftiger, durch würzige Stoffigkeit unterstützter Süße.

RÖMERHOF

Weingut Anton Kollwentz
Hauptstraße 120
A-7051 Großhöflein

Über die Qualitäten des Weingutes Römerhof im burgenländischen Großhöflein nahe des Neusiedlersees brauchen wir eigentlich kein Wort mehr zu verlieren – der Inhaber und Kellermeister Anton Kollwentz ist ein leidenschaftlicher, wortgewandter Vertreter seiner Zunft und seiner Produkte; immer gastfreundlich, immer bereit, sich für seine Weine einzusetzen.

Kein Wunder also, wenn Weinjournalisten weltweit über die Kollwentz-Kreszenzen berichtet haben. Weniger bekannt ist die Destillerie, die Antons Sohn Andi seit 1986 erfolgreich betreibt. In einer traditionellen Kupferbrennblase destilliert der Junior alle Spielarten, die sich aus Trauben gewinnen lassen: Trauben, Wein, Trester

Weinfaßkeller

und Hefe. Obgleich sein Traum die Erzeugung eines Weinbrandes ist, der es mit den Klassikern aus Cognac und Armagnac aufnehmen kann und für den ausgewählte Destillate bereits in neuen Barriques ruhen, gibt sich Andi Kollwentz auch mit seinen Trestern große Mühe. Sorgsam unter Temperaturkontrolle vergoren und nach Abschluß der Fermentation schnellstmöglich gebrannt, entstehen Edelbrände, die allerdings ihren Preis haben...

TRESTERBRAND SAUVIGNON BLANC 1990

Sortenreiner Jahrgangsbrand, doppelt diskontinuierlich gebrannt und mindestens ein Jahr in großen Glasballons gereift (43 %vol, 50 cl).

Elegantes Destillat mit »Weinlese«-Nase: frischer Duft nach Trauben, Hefe und Gräsern, am Gaumen weich und traubig mit angenehmer Säure, die im Nachklang dezent süßer wird.

TRESTERBRAND CABERNET SAUVIGNON 1991

Aus der Vorzeigerebsorte des Römerhofs nach Maischevergärung destilliert, ein Jahr im Glas harmonisiert und in patentierte Glaskaraffen abgefüllt (43 %vol, 50 cl).

Erkennbar aus Piroschkas Nachbarschaft – erdig-pikanter Brand mit intensivem, pfeffrig akzentuiertem Aroma (ein Hauch Cassis?) und feurigem, von scharfer Süße geprägtem Körper.

SAUER

Weingut Horst Sauer
Bocksbeutelstraße 14
D-97332 Escherndorf

Arbeit im Einklang mit der Natur ist für den Winzer Horst Sauer aus Escherndorf wichtigster Punkt seiner Betriebsphilosophie. »Die Weinqualität entsteht im Weinberg, im Keller geht es nur darum, die Güte zu erhalten«, meint der umgängliche Franke, der die Möglichkeiten seiner Weinberge in der bevorzugten Lage Escherndorfer Lump ausschöpft, ohne über sein Ziel hinauszuschießen.

Seine klare Vorstellung vom Machbaren macht vor der Menge halt, zudem stülpt er seinem klassischen Rebsortensortiment aus Riesling, Müller-Thurgau, Silvaner und Spätburgunder keine modische Maske über, sondern keltert klare, saubere und deutlich strukturierte Weine. Kein

WEINGUT
HORST SAUER

zu breiter und fülliger Silvaner (»ein Problem beim Escherndorfer Lump«), kein säurearmer, pflegeleichter Riesling (»Ich stell' doch keinen Säurezwerg her!«) verläßt sein Weingut. Ähnliche Ansprüche stellt der Winzer auch an seine Trester, die der Doyen der Familie, Großvater Lothar, ebenso wie die Zwetschgen und Williamsbirnen der familieneigenen Obstgärten nach alter Tradition brennt.

TRESTER

Sortenreines Destillat aus
Kerner-Trester vom
Escherndorfer Lump,
doppelt diskontinuierlich
destilliert und in kleinen
Holzfässern gereift
(40 %vol, 50 cl).

🍷 *Die Abstammung des*
Kerners vom Riesling teilt
sich auch diesem sehr reintöni-
gen Tresterdestillat mit – sanfte
Rieslingnase, Harmonie zwi-
schen Säure und Süße, dezente
Bitternote – ein guter Digestif.

EISWEIN-TRESTER AUS
DER SILVANERTRAUBE
1992

Rarität aus den Trestern des
Silvaner-Eisweins vom
Escherndorfer Lump,
diskontinuierlich in der
Kupferbrennblase destilliert
und in kleinen Holzfässern
ausgereift; unsere Probe
Nr. 68 von 111
(40 %vol, 50 cl).

🍷 *Blond, mit rundem, versam-*
meltem, vornehm zurückhal-
tendem Aroma, dessen Weinig-
keit auf der Zunge würziger als
vermutet und dennoch samt-
weich und delikat erscheint.

SCHAEFER

Weingut Willi Schaefer
Hauptstraße 130
D-54470 Graach

E iner der besten deutschen Winzer – auch wenn Willi Schaefer nicht ständig im Rampenlicht steht, so ist sein kleines, nur 2,3 Hektar großes Weingut in Graach an der Mosel bei Weinkennern und publizierenden Weinexperten dennoch wohlbekannt. Die Liste seiner Auszeichnungen ist lang: So ist nach Meinung von »DM« das

Weingut Schäfer »eines der 100 besten Weingüter Deutschlands«, für ein renommiertes englisches Fachblatt sind die Weine »besonders empfehlenswert«, und Weinpapst Robert Parker zählte den Winzer zu den »rühmenswertesten Erzeugern der Welt«. Nur 23 weitere Winzer weltweit erhielten dieses Lob. Positive Urteile, die Willi Schaefer nicht hochmütig gemacht haben. Zu sehr ist er in der Familientradition ver-

Graacher Dompropst: eine der besten Lagen

wachsen. 1121 wurde seine Familie anläßlich einer Weinbergsschenkung erstmals urkundlich genannt, und seit 1590 sind Willi Schaefers Vorfahren in ununterbrochener Folge dem Weinbau treu geblieben. Kein Wunder, gehören die Parzellen des Winzers doch zu den besten der Region, wachsen auf dem

Devonschieferboden der Lagen Graacher Dompropst und Himmelreich sowie Wehlener Sonnenuhr auf alten, wurzelechten Rebstöcken Rieslingtrauben, deren Weine dank der mehrfachen Lesedurchgänge und der geduldigen, traditionellen Fermentationsweise fruchtbetont und von geschliffener Eleganz erscheinen. Willi Schaefer ist kein Verfechter der trockenen Weine um jeden Preis – die edelsüßen Kreszenzen in seiner Schatzkammer, die bis 1921 zurückreichen, haben ihm das Potential seiner Weine mit höheren Prädikatsstufen gezeigt: extraktreiche, hochedle Tropfen, die allerdings nur in entsprechend geringen Mengen zu haben sind.

GUTSTRESTER VOM RIESLING

Sortenreiner Riesling-Trester, handwerklich sauber destilliert und kurze Zeit im Eichenfaß gelagert (40 %vol, 70 cl).

Weißblond, intensiv und rassig duftend, mit feinen Blütenanklängen (Lavendel, Veilchen) und einem Hauch Weihrauch und Bienenwachs, am Gaumen einen dunkleren Charakter annehmend mit einladenden Bitterschokoladentönen.

SCHÄFFER

Weingut Egon Schäffer
Astheimer Straße 17
D-97332 Escherndorf

E ine steile Zufahrtsstraße führt aus Richtung Würzburg hinab in den hübschen Weinort Escherndorf am Main. Seit 1524 keltert die Familie Schäffer hier Wein – seit 1988 ist der ausgebildete Weinbautechniker Egon Schäffer Chef im kleinen Familienweingut, das er schnell an die regionale Spitze brachte. Schonender An- und Ausbau und vor allem Geduld (jeder Jahrgang kommt erst nach der Lese des nachfolgenden in den Verkauf) lassen fruchtbetonte Frankenweine vom Besten entstehen. Seit 1989 brennt Egon Schäffer Obstbrände aus dem sehr guten Obst der örtlichen Streuobstwiesen, seit 1995 stellt er, immer offen für aktuelle Trends, auch einen Winzeressig her. Ein Trester wird nur in guten Jahren und in kleinsten Mengen erzeugt.

TRESTERBRAND VOM ESCHERNDORFER LUMP 1992

Trester-Cuvée aus Silvaner und Riesling aus der Lage Escherndorfer Lump, im Weingut destilliert und im Eichenfaß gereift (40 %vol, 50 cl).

Weißblond, von harmonischer, an Rotwein und Apfel erinnernder Würze mit dezent bitterem, trockenem Abgang.

SCHALES

Weingut Schales
Alzeyer Straße 160
D-67597 Flörsheim-Dalsheim

Geschmackliche und handwerkliche Qualität sind die Markenzeichen der Weine vom rheinhessischen Gut Schales. Seit 1783 im Familienbesitz, wird es derzeit in der achten Generation von den Brüdern Heinrich, Arno und Kurt Schales bewirtschaftet.

Mit seinen 36 Hektar Weinbergsbesitz gehört das Gut zu den Großen der Region. Daß es auch zu den Guten gehört, darum kümmert sich Kellermeister Kurt Schales: Naturnaher Weinbau in vernünftigen Grenzen, die richtigen Rebsorten für die richtigen Böden, Ertragsreduzierung und selektive Lese im Weinberg, zügige Kelterung und reduktiver Ausbau im Keller erzeugen spritzige, ansprechende Weine, die früh abgefüllt werden, um ihre erfrischende Kohlensäure zu bewahren. Saftig, sorten-

Moderne Kellertechnik: Voraussetzung für gute Qualität

typisch und schön zwischen Säurespiel und Fruchtsüße ausbalanciert sind dagegen die Weine der hohen Prädikatsstufen.

Die Bandbreite im Weingut ist enorm groß. 120 Weine aus acht Jahrgängen und 16 Rebsorten sind derzeit im Angebot: vom günstigen Literwein bis zum hochwertigen Silvaner-Eiswein, von der Marken-Cuvée »Trullo« bis zum Premium-Sekt aus Beerenausleseweinen – bei Schales stimmt in jeder marktfähigen Preiskategorie die Qualität.

GEWÜRZTRAMINER TRESTERBRAND

Sortenreiner Tresterbrand aus der Aromasorte Gewürztraminer, im rheinhessischen Wonnegau gewachsen, doppelt destilliert und kurz im Faß harmonisiert (40 %vol, 70 cl).

Weißweinfarbenes Destillat; helle Kräuternase mit floralen Aspekten, am Gaumen würzig mit frischen Säureaspekten – auch als Aperitif denkbar.

SCHLUMBERGER

Weingut Hartmut Schlumberger
Weinstraße 19
D-79295 Laufen

Seit dem 16. Jahrhundert lebten die Vorfahren von Hartmut Schlumberger als Küfer und Winzer im Markgräflerland. Eine Familientradition, die der Badener nur zu gern fortsetzte, befinden sich in seinem Besitz doch 5 Hektar Weinberge in guten Lagen von Laufen und dem benachbarten Britzingen.

Schon Mitte der fünfziger Jahre begann der Einstieg in den ökologischen Weinbau, der seit 1993, nach langjährigen, intensiven Versuchen in Zusammenarbeit mit dem Weinbauinstitut Freiburg, oberste Richtschnur im Gut ist. Mit konsequenter Ertragsbegrenzung sichert Hartmut Schlumberger die Eleganz seiner auf sehr fruchtbaren Löß- und Lehmböden gewachsenen Weine. Kraftvolle Gutedel, filigrane Weißburgunder und extraktreiche, tanninbetonte Spätburgunder mit Barrique-Ausbau sind die

Spezialitäten. Neben dem Weinbau hat sich Hartmut Schlumberger der Brennerei verschrieben, die er auf einer diskontinuierlichen Kupferbrennblase mit Verstärkerkolonne betreibt. Hier destilliert er reintönige Obstbrände, Wein- und Weinhefebrände sowie Tresterbrände.

Hartmut Schlumberger

SPÄTBURGUNDER BARRIQUE TREBER

Im Spätburgunder-Barrique ausgereiftes Tresterdestillat aus auf der Maische vergorenem Markgräfler Spätburgunder (42 %vol, 35 cl).

 *Durch die Reife im Rotweinfaß lachsfarbener Brand mit reifer Fruchtsüße und delikat integrierten Sekundäraromen, am Gaumen lebendig, mit weinigem Finish.*

GEWÜRZTRAMINER TREBER

Sortenreines Destillat aus Gewürztraminer-Trestern eigenen Anbaus, diskontinuierlich destilliert (42 %vol, 35 cl).

Sehr attraktiver, ausgesprochen sortentypischer Brand mit frisch-fruchtigen Zitrusnoten über einem reichen Blütenbukett, im Mund konsequente Entwicklung, durch Lakritzenoten akzentuiert.

SCHMIDT

Weingut Josef Schmidt
Stammersdorfer Straße 105
A-1210 Wien-Stammersdorf

Im malerischen Stammersdorf, einem ländlichen, für seinen Heurigen bekannten Stadtteil im Norden der österreichischen Hauptstadt Wien, liegt das Weingut von Josef Schmidt. Im freundlichen Buschenschank können Besucher bei traditioneller Wiener Heurigenküche die bekannt guten Weine des Hausherrn probieren. Seit einiger Zeit brennt Josef Schmidt zudem in seiner technisch hochwertig ausgestatteten Destille Wein, Weinhefe und Trester zu ansprechenden Bränden. Nach der Reife werden die Schnäpse mit zuvor destilliertem Brunnenwasser auf Trinkstärke herabgesetzt. »Eine Erfahrung der alten Destillateure: Die

gleiche Herkunft von Wasser und Frucht sorgt für abge-
rundete Qualität!« Ein Ergebnis, das aber wohl auch auf
die sorgfältige Behandlung der aus eigener Weinerzeugung stammenden Rohstoffe und die handwerklich ge-
konnte Destillation zurückzuführen ist.

HAUS SCHMIDT MUSKATELLER TREBERNER

Sortenreiner Muskatellerbrand, sorgfältig unter Luft-
abschluß vergoren und nach der Fermentation sofort in
einer Kupferbrennblase zweifach zum Feinbrand
destilliert (53 %vol, 20 cl).

*Reizvolles, voluminöses Destillat mit sehr versammeltem,
hochkomplexem Duft und warmem, weichem Körper –
herrlich, man sollte sich Muße gönnen für dieses Erlebnis.*

HAUS SCHMIDT CABERNET TREBERNER

Aus Trestern der Rotweinsorte Cabernet Sauvignon
direkt nach dem Maischeabstich doppelt gebrannt
(55,5 %vol, 20 cl).

*Tiefgründiger, komplexer Brand mit feinen Beeren- und
Kirschakzenten, am Gaumen mit enormer Tiefe; satter,
runder Körper; elegante Bitterkeit im langen Abgang.*

HAUS SCHMIDT RIESLING TREBERNER

Weißwein-Tresterbrand aus der aromatischen Sorte
Riesling, in Österreich als Rheinriesling bezeichnet,
sauber vergoren und zügig im Kupferkessel gebrannt
(52,4 %vol, 70 cl).

*Dunkler, charaktervoller Brand mit deutlichen Anklängen an
Unterholz, Lindenblüten, Heu und Kräuter, im Mund voll
satter Süße und dauerhaftem Nachklang.*

SCHMITGES

Weingut Heinrich Schmitges
Im Unterdorf 12
D-54492 Erden

Ohne gutes Marketing und konsequente Imagepflege geht heute kaum noch etwas – schon gar nicht an der Mosel. Als Andreas Schmitges gemeinsam mit Ehefrau Waltraud das väterliche Gut 1990 übernahm, war ein in sich schlüssiges Vermarktungskonzept der Ansatz für den geplanten Aufstieg in die regionale und überregionale Spitze.

Denn auch die Qualitätsvoraussetzungen stimmten. Erstklassiger Weinbergsbesitz in den Lagen Erdener Treppchen und Prälat sowie Wehlener Sonnenuhr – alles Schiefer-Steilhänge in sonnenverwöhnter Lage –, kleine Erträge von durchschnittlich 85 hl/ha und die reduktive, die Ausprägung von Sortencharaker und Jahrgang fördernde Vergärung im Edelstahltank sorgen für frische, fruchtwürzige Weine mit harmonisch integrierter Säure, die bei den edelsüßen Qualitäten die feine Fruchtsüße

Weinberge an der Mosel

vorbildlich zur Geltung kommen läßt. Daneben keltert Andreas Schmitges bewußt leichte Sommerweine, fruchtige Rieslinge mit niedrigem Alkoholgehalt, für deren Erzeugung die Mosel beste Voraussetzungen bietet. Gute Qualität in der Flasche und schickes Design derselben haben dem Weingut in der letzten Zeit Erfolge auch in den USA beschert. Hierzulande hätte Andreas Schmitges diesen zudem bei den Spirituosenfreunden verdient – seine sorgfältig ausgebauten Trester- und Weinhefebrände läßt er (aus frischen Trester- bzw. Weinhefepartien von Spätlesequalität an aufwärts) bei einem benachbarten Brenner traditionell brennen. Die Reifung findet im Weingut statt. Nach altem französischem Brauch stellt er zusätzlich eine Cuvée aus Riesling-Trester und Hefebrand her: den harmonischen Marc de Moselle.

RIESLING TRESTER BRAND

Aus Riesling-Trester von Steilhanglagen doppelt diskontinuierlich in der Kupferbrennblase destilliert und 10 Monate im kleinen Eichenholzfäßchen gereift (42 %vol, 37,5 cl).

Jugendlich-frisches Destillat mit dunklen, holzbetonten Details im ansonsten weinigsanften Duft und rundem, elegantem Schluß.

SCHMITT

Weingut Robert Schmitt
Maingasse 13
D-97236 Randersacker

Als »Altmeister der trockenen Weine« wurde Winzer Robert Schmitt aus dem fränkischen Randersacker von dem deutschen Weinpapst Horst Dohm bezeichnet – anders als völlig durchgegoren und mithin knochentrokken sollten die Schmittschen Weine nie sein.

Dieses Konzept hat Robert Schmitt und nach ihm seinem gleich denkenden Neffen und Erben Bruno Schmitt jedoch auch Kritik eingetragen. Denn anders als bei vielen Winzern, die den beachtlichen Spielraum des Weingesetzes nutzen, haben die Weine (natürlich mit Ausnahme der edelsüßen Varianten) keinerlei Restsüße, die die in manchen Jahren überbordende Säure austariert. Daß das Weingut Robert Schmitt dennoch zur Spitze im verwöhnten Franken gehört, liegt an der Kunst des Kellermeisters. Auf guten Lagen wie dem Randersackerer Pfülben und Sonnestuhl und der Würzburger Abtsleite wachsen auf Muschelkalkboden Müller-Thurgau, Silvaner, Kerner und Riesling – Rebsorten, deren Weine sich dank kräftiger, manchmal heftiger Säure nie einschmeicheln, die aber durch den von Bruno Schmitt praktizierten Ausbau im Holzfaß Schliff erhalten und immer durch ihre ausgeprägte Individualität gefallen. Charaktervoll auch die höheren Prädikatsstufen,

Bruno Schmitt

die aufgrund der Nähe zum Main und der sonnigen Weinbergslage gute Voraussetzungen zum Ausprägen schöner Botrytiszüge erhalten. Die Brennerei dagegen betreibt Bruno Schmitt nur als kleine Liebhaberei nebenbei, auch wenn die Brände deutlich nach mehr schmecken.

TRESTERBRAND 1994

Nach sorgfältiger Vergärung im Frühjahr 1995 gebrannter sortenreiner Silvaner-Tresterbrand des Jahrgangs 1994 (40 %vol, 50 cl).

Fruchtig-sanftes Destillat mit hefebetontem Duft nach frischem Brot über süßer Beerennote, am Gaumen samtig-rund.

SCHMITZ

Weingut Hubert Schmitz
Klosterbergstraße 108
D-54459 Wiltingen/Saar

E instmals »hochadeliges« Weingut an der Saar, das von den Reichsgrafen und Marquis zu Hoensbroech 1945 erst an die Familie Schmitz verpachtet, 1968 dann an Hubert Schmitz verkauft wurde. Trotz des Verlustes des (beim Weinverkauf durchaus gewinnbringenden) Adelsnamens behielten die Weine ihr edles Niveau: Schon seit 1981 keltert der studierte Weinbautechniker Christoph Schmitz sehr gute Qualitäten aus den Trauben seiner bekannten Saar-Lagen wie dem Wiltinger Kupp, Braunfels, Schwarzhofberger oder Klosterberg.

Die einzige angebaute Rebsorte ist Riesling, die in den arbeitsintensiven Steillagen mit Schieferverwitterungsbö-

Weingut reichsgräflicher Abstammung

den auch dank des naturnah orientierten Weinbaus gute Bedingungen vorfindet. Der Ausbau erfolgt überwiegend in traditionellen Eichenholzfässern, die den nach Möglichkeit trocken ausgebauten Weinen zur besseren Säureintegration und damit zu einem zwar frischen, dabei aber auch tiefen, kräftig-rassigen Charakter verhelfen. Daneben kann Christoph Schmitz edelsüße Weine vorweisen, die ihre natürliche Fruchtsüße in angenehme Kombination mit der stahligen, für die Saar typischen Säure bringen.

Das Weingut ist Mitglied im »Großen Ring« des Verbandes der Qualitätsweingüter des Weinbaugebietes Mosel-Saar-Ruwer. Bedingt durch die Größe fallen bei Schmitz nur wenig Trester an, die nach der Destillation nur 200 Liter Brand ergeben. Der SATRE genannte SAar-TREster steht dabei auch als faßgereifte Qualität zur Verfügung. Kleine Mengen an Wein-, Hefe- und Obstbränden nur auf Anfrage.

SATRE 1992

Sortenreiner Riesling-Tresterbrand aus dem Jahrgang 1992, für den ganze Trauben nur einmal kurz gepreßt und anschließend doppelt diskontinuierlich in der Kupferbrennblase destilliert wurden (42 %vol, 50 cl).

Wuchtiger, dabei würziger Brand mit traubigem, floral abgesetztem Aroma und konsequentem Ausdruck bis in den langen Schluß.

SCHNABL

Weingut Franz und Monika Schnabl
A-8462 Sernau 6

Steirer Weingut mit mehrfach preisgekrönter Destillerie. Auf seinen 4 Hektar Weinbergsbesitz rund um das Dörfchen Sernau erntet Franz Schnabl hauptsächlich Weißweintrauben, die er sorgfältig und schonend preßt und unter Verzicht auf Mostaufbesserung traditionell im Eichenholzfaß zu duftigen, frischen Weinen ausbaut. In seiner Brennerei folgt er seiner Vorliebe zu Stein- und Kernobst, das er in der Kupferbrennblase zu zartherben, eleganten Destillaten brennt. Ausgesprochen günstiges Preis-Leistungs-Verhältnis. Weine und Brände können im gemütlichen hauseigenen Buschenschank verkostet werden.

TREBERN

Sortenreines Destillat aus Weißburgunder-Trestern, diskontinuierlich im Weingut gebrannt (40 %vol, 50 cl).

Fruchtiger Tresterbrand mit weichem, durch Süße geprägtem Aroma nach Birne und gelben Früchten, am Gaumen explodiert die Fruchtigkeit geradezu. Ein ungewöhnlicher, dabei ausgesprochen schöner Tresterbrand, der in der Blindverkostung glatt als Williamsbirnen-Destillat durchgehen könnte.

SCHWEINHARDT

Weingut Bürgermeister
Willi Schweinhardt Nachfolger
Heddesheimer Straße 1
D-55450 Langenlonsheim

Wenn man Tresterbrände mag und ein Weingut hat –
was liegt da näher, als selbst zu destillieren?« Die
Nahe-Winzer Axel und Wilhelm Schweinhardt bezeichnen sich selbst als Neulinge in der Kunst der Destillation,
sehen aber gerade das als Vorteil: »Wir haben noch die
Anfänger-Freude an der Sache.« Ihre Brände erscheinen
allerdings nicht wie die Ergebnisse von Neueinsteigern.
Dank modernster Brenntechnik und vernünftigen Quali-
tätsgrundsätzen wissen die Erzeugnisse zu gefallen. »Trester von Qualitäts- oder Kabinettweinen kommen mir
nicht in die Blase; unsere Trester sind Auslesequalitäten!«
Frisch von der Kelter weg in 120-Liter-Tonnen einge-
stampft, vergären die Trester mit einer Öchslegradation
von 90 bis 110 Grad sauber und reintönig und ergeben
genau eine Füllung des Destillierapparats. Trester mit
Gärfehlern können also leicht ausgeschieden werden. So-
bald die Fermentation abgeschlossen ist, wird in einer
kupfernen Blase diskontinuierlich im Wasserbad gebrannt
– langsam, schonend, bei Niedrigtemperatur. Entweder in
Glasballons oder in gebrauchten Eichenfässern reift das
Destillat mindestens drei bis vier Jahre, häufig auch länger. Nach Abschluß der Reife auf Trinkstärke herabgesetzt, halten die Brände, was sie versprechen: deutsche
Tresterbrände, die in Sauberkeit und Aromareichtum
hinter keiner italienischen Winzergrappa zurückstehen
müssen.

»PERKELLO«
RIESLING WEINTRESTER

Sortenreines Destillat aus
Riesling, diskontinuierlich in
der Wasserbad-Brennblase mit
Verstärkerkolonne destilliert.
(44 %vol, 50 cl).

*Goldfarbener Brand mit einem
reichen Bukett nach reifen
Äpfeln, Röstaromen und einem
Hauch Pflaumen und Beeren;
entfaltet in Geschmack und
Abgang pfeffrige Kraft.*

»PERKELLO«
GRAUBURGUNDER
WEINTRESTER

Sortenreiner Tresterbrand aus
Grauburgunder-Auslese,
diskontinuierlich destilliert
und mindestens 3 Jahre im
Glasballon ausgereift
(44 %vol, 50 cl).

*Harmonischer Brand mit
bezaubernder Würznase über
saftigen Fruchttönen, am Gaumen
würzig-süß mit langem,
intensivem Abgang – schön.*

SEEGER

Weingut Seeger
Rohrbacher Straße 101
D-69181 Leimen

Geht es um das kleine Städtchen Leimen nahe Heidelberg, dann ist für Weinfreunde nicht Boris Becker, sondern Thomas Seeger der Shooting-Star.
Erst 1985 begann der Weingutserbe – dessen Vorfahren seit 1665 Wein kelterten und seit 1707 das eigene Weingut besaßen – mit dem Barrique-Ausbau, bei dem er heute zu den absoluten Könnern zählt.
Der Önologe bereitet seine Spätburgunder, die er in den Heidelberger und Leimener Lagen am Herrenberg anbaut, sorgsam auf die Kraftprobe mit dem kleinen Eichenfaß vor: Nur von Hand selektierte, gesunde Trauben werden geduldig auf der Maische vergoren, bis sie neben Extraktreichtum auch genügend Tannine aufweisen, um die Geschmacksstoffe und die Gerbsäure aus dem Faß harmonisch zu integrieren.
Einige Jahre der Reife vorausgesetzt, kann der Genießer sich dann auf Weine freuen, die ein komplexes, meist beerentöniges Bukett mit einem subtil differenzierten Tanningerüst besitzen, dessen Sekundäraromen zart und finessenreich eingebunden wurden. Ähnliche Sorgfalt wird auch den Tresterbränden zuteil.

Weingut Seeger

TRESTER VOM WEISSEN BURGUNDER

Sortenreiner Brand aus Pinot-Blanc-Trauben des Heidelberger und Leimener Herrenberg, sorgfältig vergoren und frisch destilliert (42 %vol, 50 cl).

Konsequent strukturierter Brand mit ansprechenden Aromen nach reifen Äpfeln, Bananen, Pistazien, Bittermandel und einem Hauch Kräuterduft – eine Fülle, die sich harmonisch im Geschmack fortsetzt, bis in den intensiven Abgang.

TRESTER VOM SPÄTBURGUNDER

Tresterbrand aus handverlesenem, gesundem Spätburgunder, auf der Maische vergoren und nach dem Abstich sofort gebrannt, stolze 10 Jahre im Eichenfaß gelagert (40 %vol, 50 cl).

Amberfarbenes Destillat mit likörhaftem, an Pineau des Charentes erinnerndem Duft, am Gaumen reicher, dabei leicht trockener Geschmack nach Trockenfrüchten und Nüssen, im Finish saftig und lang. Gelungener »Allrounder«.

SELBACH–OSTER

Weingut Selbach-Oster
Uferallee 23
D-54492 Zeltingen

Über 300 Jahre kann Hans Selbach die Leidenschaft seiner Vorfahren für Moselaner Weine zurückverfolgen: Die Osters aus Zeltingen waren Weinbauern und Küfer; die Selbachs aus dem benachbarten Ürzig träumten während der harten Arbeit in den Moselaner Steilhängen von der Ferne und gründeten schließlich eine Weinhandlung mit Reederei, verschifften die damals schon weltbekannten Mosel-Rieslinge in die Häfen an der Küste, zum Weitertransport in die ganze bekannte Welt. Kein Wunder also, wenn Hans Selbach Verständnis für seinen Sohn und Erben Johannes empfand, der erst bei einem längeren Amerika-Aufenthalt seine wahren Wurzeln erkannte und seit 1989 dem Vater wieder im heimischen

Vater und Sohn Selbach

Weingut zur Seite steht. Mit Auslandserfahrungen, die auch den Weinen von Selbach-Oster zugute kommen: Verkaufserfolge und gute Presse in den USA sind an der Tagesordnung. Weinpapst Robert Parker etwa zählt das Gut zu den insgesamt nur 13 deutschen Betrieben mit 5 Sternen – Prädikat »outstanding!«.
Die guten, mit uralten, wurzelechten Reben bestockten Lagen in Zeltin-

gens Sonnenuhr, dem Schloßberg und dem Himmelreich, in der Wehlener Sonnenuhr, dem Graacher Dompropst und der Bernkasteler Badstube bieten beste Voraussetzungen für den von Hans und Johannes Selbach so geschätzten geradlinigen Rieslingstil, der filigrane Säurestruktur, finessenreiche Extrakte und sortentypischen, dabei zarten Duft bei den trockenen Weinen, opulente Frucht, Cremigkeit und delikate Säure bei den edelsüßen, sehr lange lagerfähigen Prädikatsweinen in den Vordergrund stellt.

RIESLING TRESTER BRAND

Sortenreiner Brand von schonend in einer Korbkelter gepreßten Trestern aus Steillagen-Riesling, doppelt destilliert und über 5 Jahre im Barrique aus Allier-Eiche gelagert (40 %vol, 50 cl).

Funkelnd bernsteinfarben, mit komplexfruchtigem Aroma (Gräser, Kürbis, Honigmelone, Pfirsich) und zarten Sekundäraromen, am Gaumen weich, rund und saftig mit einem Anflug von Bitterschokolade – seiner Herkunft würdig.

SIEGRIST

Weingut Siegrist
Am Hasensprung
D-76829 Leinsweiler

Im Sonnenzipfel der »deutschen Toskana«, im südpfälzischen Leinsweiler, liegt das 12 Hektar große Weingut von Thomas Siegrist. 1971, erst 19 Jahre jung, wurde der Winzer mit der Übernahme des elterlichen Weingutes förmlich ins kalte Wasser geworfen.

Zunächst experimentierte er mit Neuzüchtungen und folgte zahlreichen Moden beim Ausbau. Ein zwar kostendeckender Weg, doch der qualitätsorientierte Thomas Siegrist war damit nicht zufrieden. Saubere, geradlinige Weine wollte er erzeugen, mit feinem Aroma und kraftvoller Säure. Er besann sich auf die traditionellen Sorten der Pfalz – auf Müller-Thurgau, Riesling, Kerner – und ergänzte sein Sortiment mit den badischen Klassikern aus der Burgunderfamilie. Ein Erfolgsweg, der für den Aufstieg der gesamten Region verantwortlich war. Die extraktreichen Weine der Südpfalz eignen sich zudem gut zum Barriqueausbau, der bei Thomas Siegrist in den »wilden« Anfangsjahren, bevor das Geschmacksmuster eines Barrique-Weines allgemeine Anerkennung fand, zu massiven Problemen mit den Weinkontroll-Behörden führte. Die amtliche Beschlagnahme eines (übrigens durchaus gelungenen) 1985er Spätburgunder aus dem Barrique machte den »Rebellen aus der Pfalz« berühmt und brachte seinen Weinen das wohlverdiente Renommee – längst hat sich die Erkenntnis durchgesetzt, daß Thomas Siegrist zu den Spitzenwinzern in seiner Region zu zählen ist. Zum Weinbau kommt auch bei ihm die Destillation: Neben Trestern werden auch Brände aus Wein, Trauben und Weinhefe sowie Obstdestillate erzeugt.

SPÄTBURGUNDER TRESTERBRAND

In der Hausbrennerei diskontinuierlich von gleich nach dem Abstich verarbeiteten Trestern aus Maischevergärung gebrannt (45 %vol, 50 cl).

Floral abgesetzter Brand mit vollem Aroma, am Gaumen entwickeln sich nach frischer Frucht erdige Noten mit feinen Bitterakzenten – elegant.

TRESTERBRAND AUS BEERENAUSLESE

Die edelfaulen Trester eines Weines in Beerenauslesequalität wurden sauber fermentiert und schnell diskontinuierlich gebrannt, das Destillat in Glasballons harmonisiert (45 %vol, 50 cl).

Kraftvoll-komplexer Brand mit reifen, runden Fruchtnoten (Orange, Ingwer) und herb-männlichem Körper. Ein vorpreschendes Kraftpaket.

SILBERBERG

Weinbauschule Silberberg
Kogelberg 16
A-8430 Leibnitz

Seit 1895 dem österreichischen Bundesland Steiermark gehörende Weinbauschule mit Weingut, am Fuße von Schloß Seggau beim Weinörtchen Leibnitz gelegen.

Der Schule wurden im Laufe der Jahre die Landesweingüter Remschnigg, Kitzeck und Schloßberg unterstellt. Silberberg ist nicht nur für erstklassige Ausbildung bekannt, auch die Weine gehören zu den besten der Steiermark. Ein Umstand, der vor allem die Weinbauschüler stolz macht, denn Direktor Robert Eder, Ausbildungsleiter

Das »önologische« Herz von Silberberg: Direktor Prof. Robert Eder, Önologe Ing. Werner Surma und Kellermeister Josef Kratzer

Werner Surma und Kellermeister Josef Kratzer halten viel davon, aus der Praxis heraus zu lehren – ihre Schüler tragen mit an der Verantwortung für das Gelingen der Weine. Neben Schülern sind in Silberberg auch die Winzer der Umgebung jederzeit willkommen: Zu den Zielen der Schule gehört es auch, durch fachliche Betreuung der steirischen Weingüter immer neue Impulse für einen zunehmend qualitätsorientierten Weinbau zu geben. Auf der Basis von mehreren

hundert Hektar Landbesitz werden neben Weinen auch
Essig, Fruchtsäfte und verschiedene Destillate aus Trauben, Trestern, Wein und Obst erzeugt. Für die zum Silber-
bergschen Landesweingut Remschnigg gehörende Klein-
verschlußbrennerei zeichnet Brennmeister Johann Thün-
auer verantwortlich. Wahlweise im traditionellen Doppel-
brennverfahren oder in einem Arbeitsschritt mit Kolon-
nenverstärker können die Brände in der hochmodernen
140-Liter-Brennanlage erzeugt werden. Neben einem
Tresterbrand entstehen auf Gut Remschnigg auch zart-
fruchtige Obstbrände sowie ein Weinbrand.

SCHILCHER-TRESTER

Rebsortenrein aus den Trestern der
steirischen Rosé-Spezialität Schilcher
im diskontinuierlichen Kupferbrenner
gebrannt und im Glas harmonisiert
(40 %vol, 50 cl).

*Sehr präsenter, feinwürziger Brand mit
sauberer, durch Süßholz akzentuierter
Fruchtnase und weinigem, kräftigem Körper.
Zartbitterer, langer, reizvoller Abgang.*

SOMMERHAUSEN

Weingut Schloß Sommerhausen
Familie Steinmann
Ochsenfurter Straße 17–19
D-97286 Sommerhausen am Main

Traditionspflege und gut dokumentierte Geschichte zeichnen das Weingut von Schloß Sommerhausen aus, das sich im Eigentum der seit 1653 urkundlich nachweisbaren Weinbauernfamilie Steinmann befindet. Seit 1954 gehört zum Weingut die Rebschule Steinmann, ein

führender Rebveredelungsbetrieb mit integrierter Rebenzucht. Die hier erzeugten Weine sind reintönig und überwiegend feinfruchtig, mit lebendiger Säure. Seit Generationen wird bei den Steinmanns auch gebrannt: Neben Obstdestillaten aus Zwetschgen, Wildkirschen und Mirabellen enstehen in Barriques ausgereifte Brände aus Äpfeln und Wein.

ALTER FRÄNKISCHER TRESTERBRAND

Aus nur schwach gepreßten Trestern vom Weißburgunder doppelt diskontinuierlich gebrannt und mehrere Jahre im Barrique aus Eichenholz gelagert (44 %vol, 37,5 cl).

Goldfarbenes, herb-würziges Destillat mit cremiger Fruchtnase (Kirsche, Gewürznelke, Pfirsich, Schokolade) und dezentfloraler Süße, aus der sich im Nachklang charaktervolle Schärfe entwickelt.

STADLMANN

Johann Stadlmann
Wiener Straße 41
A-2514 Traiskirchen

Gegenüber der gotischen Wehrkirche im Herzen der Weinstadt Traiskirchen, am Rande des Wiener Bekkens, liegt eines der besten Weingüter der österreichischen Thermenregion. Schon seit 1780 befindet es sich im Besitz der Familie Stadlmann.

Der hohe Qualitätsanspruch und das Umweltbewußtsein dieser Familie zeigen sich nicht nur in der Weinbergspflege, etwa durch gezielte Gründüngung, sondern auch in der bedingungslosen Ablehnung von künstlichen Eingriffen mittels moderner Kellertechnik. Eine Einstellung, die Johann Stadlmann auch beim Brennen vertritt. Seit elf Jahren brennt er in der Tradition seines Großvaters, der 1934 den heute noch betriebenen Brennkessel anschaffte. Opas Trester könnten mit der Qualität der heutigen Brände allerdings kaum mithalten – das Traubengut wurde seinerzeit so stark wie möglich ausgepreßt, die Schalen waren entsprechend knochentrocken und schwer zu destillieren. Doch selbst wenn Johann Stadlmann heute nur wenig gepreßte Trester aus Bukettsorten benutzt – der altertümliche Brennkessel setzt nach wie vor Könnerschaft und viel Aufmerksamkeit voraus, um gute Ergebnisse zu liefern: Ohne Wasserbad, in einem einfachen, einwandigen Kessel, in dem nur ein Rührwerk die Maische vor dem Anbrennen bewahrt, entstehen erstaunlich feine Trester- und Obstbrände.

Seit mehr als 25 Jahren bildet man im Hause Stadlmann auch Lehrlinge zu Winzern und Kellertechnikern aus, die zudem solide Brennkenntnisse mit in ihr selbständiges Berufsleben nehmen. Gastfreundlicher Buschenschank.

TRESTERBRAND VOM RIESLING

Sortenreiner Brand aus der mit 20 Prozent wichtigsten Rebsorte im Weingut Stadl-mann, schonend gepreßt und »nach alter Hauertradi-tion« destilliert (42 %vol, 37,5 cl).

Kraftvoll-harmonisches Destillat mit spritzig-frischer, durch erdige Töne unterstützter Riesling-Nase und sanfter Süße im trockenen, langen Abgang.

TRESTERBRAND VOM MUSKAT

Aus der österreichischen Spezialität Muskat-Ottonel mit intensiver Aromastruk-tur reinsortig destilliert (42 %vol, 37,5 cl).

Sortentypisch würziges Bukett, nelkentönig, mit einem Hauch Veilchen; nervige Kraft und zartbittere Würz-noten im eleganten Finish prägen diesen hervorragenden Brand. – Weitere Brände: Trester von Zierfandler, Caber-net, Cabernet-Traubenbrand, Brände von Weichselkirsche und Maulbeeren.

STAUFENBERG

**Markgräflich Badisches Weingut
Schloß Staufenberg
D-77770 Durbach**

Schloß Staufenberg auf seinem hohen, das liebliche Weinörtchen Durbach überragenden Bergkegel wurde bereits im 11. Jahrhundert erbaut. Im 14. Jahrhundert kam das trutzige Bauwerk zusammen mit sonnigen Weinbergen in den Besitz der Landesherren von Baden, die sich sehr für die Förderung des badischen Weinbaus einsetzten.

Ausgehend von den guten Bedingungen in den heute als Spitzenlage Durbacher Schloß Staufenberg bekannten Granitverwitterungs-Rebgärten, ließ Markgraf Karl Friedrich 1776 die ersten Rieslingreben am Klingelberg anpflanzen und begründete so die Ortenauer Tradition, den Riesling als »Klingelberger« zu bezeichnen. Auch der Traminer in seinen Spielarten fand unter Karl Friedrich von Baden hier seine Heimat.

Heute bewirtschaftet Betriebsleiter und Kellermeister Bernhard Ganter als Pächter das Markgraf Max von Baden gehörende, 28 Hektar große Weingut. Geringste Erträge (im Durchschnitt nur 40 hl/ha!) und der naturnahe Rebanbau in Steillagen – gute Voraussetzungen zur Erzeugung von gesundem, extraktreichem und charaktervollem Traubengut, das durch sorgfältige Verarbeitung meist halten kann, was die große Tradition des Gutes verspricht: saftige, noble Weißweine und ausdrucksstarke, im Holz (teilweise Barrique) ausgebaute Rotweine mit schöner Harmonie zwischen Frucht und Tannin.

MARC VOM CLEVNER

Aus der aus Tramin in Südtirol stammenden Rebsorte Roter Traminer, die in Baden Clevner genannt wird, doppelt diskontinuierlich destilliert und im Eichenfaß ausgereift (45 %vol, 70 cl).

Hellgolden, mit tieftönigem Bukett (Pistazien, Bittermandel, Obst, Rosen) und leichten Röstaromen, am Gaumen fruchtwürzig, weich und lang.

TRAMINER TRESTERBRAND

Sortenreines Destillat aus der Aromasorte Traminer, traditionell diskontinuierlich destilliert und mindestens 10 Jahre in Eichenfässern ausgereift (45 %vol, 37,5 cl).

Satte goldene Farbe mit rötlichen Lichtern; ein heiterer und doch reifer Brand mit durch einen Hauch Zitrus- und Holznoten akzentuiertem Fruchtaroma und intensivwürzigem Körper.

STIEGELMAR

Weingut JURIS Georg Stiegelmar
Marktgasse 12–18
A-7122 Gols

E in Vater-und-Sohn-Team: Vater Georg Stiegelmar, ein Autodidakt, der sich seit Übernahme des Familienweingutes 1967 unermüdlich weitergebildet hat. Sohn Axel Stiegelmar, Absolvent der Weinbauschule Klosterneuburg, bekam bei Robert Mondavi in Kalifornien und Graf Neipperg vom Bordelaiser Spitzenweingut Canon-La-Gaffelière Einblick in die Weinelite. Gemeinsam gehören sie zur österreichischen Weltklasse – »Wine Maker of the Year 1995« der International Wine and Spirits Competition und mehrfache Gewinner des »Certificate of Excellence« des Institute of Masters of Wine. Erfolge, die sie nicht »abheben« ließen, sondern noch tiefer in ihren Weinbergen verwurzelten: »Nur wenn die Natur sich in harmonischem Gleichgewicht befindet, kann auf Dauer Höchstleistung entstehen« – wer die Philosophie der Stiegelmars selbst erleben möchte, dem sei ein Besuch in ihrem gastfreundlichen Winzerhaus empfohlen.

»JURIS« TRESTERBRAND
VOM STROHWEIN

Zwei abgeknickte Strohhalme in der Flasche weisen
darauf hin: Die zuckersüßen Trauben für den Strohwein
trocknen von der Weinlese bis in den Winter hinein über
3 Monate und ergeben so eine Extraktkonzentration von
hohen Graden (42 %vol, 50 cl).

*Ein sommerlich-heiterer Brand mit sonnengelber Farbe und
reifer Fruchtfülle – einfach bezaubernd.*

»JURIS« TRESTERBRAND
VOM ST.-LAURENT 1992

Aus der roten Rebsorte Saint-Laurent, deren wichtigstes
Anbauland Österreich ist und die normalerweise um den
Laurentiustag, dem 10. August, zur Lese kommt. Jahrgangsdestillat, Silbermedaille der DESTILLATA 1994
(40 %vol, 50 cl).

*Nobler Brand mit dem sortentypisch dunklen Aroma des
Saint-Laurent (Weichselkirsche, Cassis, Beeren) und leicht
von Säure unterstützter Würzigkeit bis in den feinbitteren
Schluß.*

»JURIS« TRESTERBRAND
VOM CABERNET SAUVIGNON 1992

Aus der wohl meistangebauten Rotweinsorte der Welt,
Cabernet Sauvignon, die am Neusiedlersee hervorragende Bedingungen findet und ihren Sortencharakter
einem sorgfältig behandelten Tresterbrand auch mitteilen kann; Silbermedaille der DESTILLATA 1994
(40 %vol, 50 cl).

*Finessenreicher Brand mit hellem, mineralisch geprägtem
Aroma mit Pfefferminz, Zitronenmelisse über frischen
schwarzen Johannisbeeren, elegant und erfrischend spritzig.*

STIGLER

Weingut Stigler
Bachenstraße 29
D-79241 Ihringen

E in Traum erfüllte sich 1813: Dem Badener Ernst Georg Lydtin gelang es erstmals, auf dem abweisenden, vulkanischen Gestein des Winklerberges in Ihringen am Kaiserstuhl Wein zu pflanzen. Lavaboden als ideale Nährstätte für beste Reben – als Truppendoktor Napoleons hatte er beim Italienfeldzug dieses Wunder am Vesuv erlebt und die Ergebnisse kennen- und schätzen gelernt.

1881 erfüllte sich dann ein weiterer Herzenswunsch, diesmal der von Josef Fidel Stigler: Er konnte Lydtins Wunder-Weinberg erwerben, der bis heute in der Familie geblieben ist. Geschützte Südhanglage, wärmespeichernder Vulkanverwitterungsboden, extrem lange Sonnenperioden mit wohldosiertem Niederschlag – nicht nur für Vater Rudolf und Sohn Andreas Stigler gehört der Winklerberg zu den besten Lagen Deutschlands. Weitere gute Parzellen stehen am Oberrotweiler Eichberg und am Freiburger Schloßberg zur Verfügung.

Hier wachsen die Reben für die kraftvoll-versammelten Weißweine und die markanten, im Holz ausgebauten Rotweine des Gutes, die dank umweltschonendem Anbau, niedrigen Erträgen und geduldigem, schonendem Ausbau über gute Perspektiven verfügen.

Daneben widmet sich Andreas Stigler der Destillation seiner nur wenig gepreßten, sorgsam vergorenen Trester, aus denen er eine Palette von sortenreinen Destillaten brennt. Erstklassige Obstbrände.

WEINTRESTER

Im Weingut diskontinuier-
lich gebrannte Trester-
Cuvée, im Eichenfaß gela-
gert (45 %vol, 70 cl).

*Tiefgolden, mit ausgeprägt
weinigem Aroma und
kraftvoller Fruchtnote bis in den
nussig-tiefen Nachhall –
vorbildlich.*

SILVANER TRESTER

Sortenreines Destillat, im
Weingut traditionell destilliert, Lagerung im Eichenfaß
(45 %vol, 70 cl).

*Verlockender Goldton und
helle Fruchtnase, mit Blüten-
aromen akzentuiert; ein mar-
kanter Brand mit enorm langem
Abgang.*

STODDEN

Weingut Jean Stodden
Rotweinstraße 7–9
D-53506 Rech/Ahr

D er Traum von der Manager-Karriere war für den studierten Volkswirt Gerhard Stodden 1975 ausgeträumt. Der plötzliche Tod von Vater Jean Stodden übertrug dem erfolgsorientierten Ökonomen die Verantwortung für das zu Beginn dieses Jahrhunderts gegründete Familienweingut an der Ahr.

Damals eine schwere Entscheidung – heute dagegen kann sich der Ahrtäler, der das Winzerhandwerk längst meisterlich beherrscht, eine Rückkehr von der önologischen Praxis zur grauen makroökonomischen Theorie nicht mehr vorstellen.

Und auch Ehefrau Brigitte hat den Verzicht auf die eigene Arztpraxis zugunsten der gemeinsamen Arbeit im Weingut nicht bereut. Schließlich handelt es sich hier um eine ganz eigene Erfolgsstory, haben beide mit dem Weingut nicht nur persönliche Erfüllung und Anerkennung seitens der Weinkenner, sondern auch ein Forum gefunden, um ihrer Liebe zur Kunst Ausdruck zu geben. Jedes Jahr im Mai ist Vernissage im Weingut – Stoddens fördern Künstler, stellen deren Arbeiten aus und lassen sich natürlich auch Etiketten für die Weine ihrer Künstler-Serie entwerfen.

Ein kultureller Ansatz, der sich für Gerhard und Brigitte Stodden ganz logisch aus der Arbeit mit dem Kulturgut Wein ergibt. Ebenso konsequent, daß Gerhard Stodden die seit 1928 im Brennhaus des Weingutes existierende Destille wieder in Betrieb genommen hat und darauf saubere, reintönige Brände mit hochwertigem Profil brennt.

ALTER TRESTER 1988

Jahrgangsbrand, Trester-
Cuvée aus eigenem Lesegut,
mehrere Jahre in Eichen-
fässern gelagert
(45 %vol, 50 cl).

*Zart goldfarben; vornehm
zurückhaltende Nase mit
elegantem Duft (Pflaumen,
Beeren, Bittermandel, Back-
aromen) und von kräftiger Süße
bestimmtem, sehr langem
Nachklang.*

AHR-TRESTER VOM SPÄTBURGUNDER

Der »Marc der Ahr«, sortenrein aus den Trestern der
bekanntesten Ahr-Rebsorte
gebrannt und im Eichenfaß
gelagert (40 %vol, 50 cl).

*Hellgoldenes Destillat mit
warmen Fruchtaromen
(Bratapfel, Zimt, Nelken) und
muskulösem, intensivem Körper.*

TINNAUER

Franz Tinnauer
FLAGGE Steinbach 42
A-8462 Gamlitz

Steirisches Wein- und Obstgut. In nur sechs Jahren arbeitete sich Franz Tinnauer durch Destillation von sehr reintönigen, harmonischen Bränden an die regionale Elite heran. Gutes Preis-Leistungs-Verhältnis.

ZWEIGELT TRESTERBRAND

Sortenrein aus der Rotweinrebe Zweigelt, diskontinuierlich destilliert (42 %vol, 37,5 cl).

Fruchtiger Brand mit Beerentönen über feingliedriger Bitter-Resonanz.

TRAMINER TRESTERBRAND

Auszeichnung der DESTILLATA 1994 (42 %vol, 37,5 cl).

Hochkomplexes Nobeldestillat mit wachem, pikantem Fruchtaroma und würzig-floraler Stoffigkeit; etwas für Kenner.

TSCHARNER

Gian-Battista von Tscharner
Schloß Reichenau
CH-7015 Reichenau

Am Zusammenfluß von Vorder- und Hinterrhein im Graubündener Rheintal liegt Schloß Reichenau. Seit 1976 ist Gian-Battista von Tscharner Herr auf dem Familiensitz und baut individuelle Weine an. Voller Leidenschaft setzt sich der ökologisch orientierte Adelige für seine Heimat und deren Weinbautradition ein, pflegt autochthone Rebsorten, traditionelle Ausbaumethoden und gönnt seinen Rebensäften das, was manche Winzer heutzutage für überflüssig halten – Zeit zur Reife: »Mit meinen Weinen muß man ebenso Geduld haben wie mit mir – dann merkt man, mit wieviel Liebe sie erzeugt wurden.« Was auch für die acht rebsortenreinen Trester gilt – hochedle Destillate mit ausdrucksstarker Persönlichkeit.

JENINSER MARC US PINOT GRIS

Im Weingut nach traditioneller Art destillierter Brand aus Grauburgunder-Trestern des Tscharnerschen Weingutes (41 %vol, 70 cl).

Raffiniertes Traubenbukett mit verhaltener Schärfe leitet eine intensive Geschmacksexplosion ein, die bis in den langen Nachhall neue Aromawellen anbranden läßt.

MAIAFELDER MARC
US WISSBURGUNDER

Rebsortenreines Destillat aus dem Pinot blanc der
Weinberge in Maienfeld, diskontinuierlich aus schonend
gepreßtem Trestergut gebrannt (41 %vol, 70 cl).

*Reifer Duft und ausgewogener Mandel-, Honig- und
Trauben-Geschmack prägen diesen kecken, sehr süffigen
Marc – ausnehmend schön.*

CHURER MARC
FÜR MEINE FREUNDE

Aus den im Bereich der Stadt Chur gelegenen Weinbergen stammen die Blauburgunder-Trester für diesen
faßgereiften Marc (42 %vol, 70 cl).

*Wer würde sich hier nicht
gerne zu den Freunden
zählen: Strahlende Goldfarbe,
komplexes, sehr anziehendes
Bukett und ein enorm kraftvoller, dabei feinwürziger
Geschmack mit attraktivem
Nachklang sind Kennzeichen
dieses Tresterbrandes der
Spitzenklasse.*

URBANSHOF

Weingut St. Urbanshof
Ökonomierat Nic. Weis
Urbanusstraße 16
D-54340 Leiwen/Mosel

Die Weinlage Leiwener Klostergarten gilt als der Mikrokosmos der Weinbauregion Mosel-Saar-Ruwer schlechthin: Im Klostergarten sind alle Neigungsgrade von eben bis extrem steil, alle Bodenarten von leicht bis schwer, von flach- bis tiefgründig vertreten.
Die Böden bestehen aus Schiefer, Sand, Lehm und Kies, pur oder in Mischung. Auch im Hinblick auf die Sonneneinstrahlung sind praktisch alle Himmelsrichtungen in diesem weitläufigen, 400 Hektar umfassenden Kessel vertreten. Gute Bedingungen für individuelle, charaktervolle Rieslinge, auf die das erst nach dem Zweiten Weltkrieg von Nicolaus Weis gegründete Weingut St. Urbanshof spezialisiert ist. Mitten im Klostergarten, am Südrand des kleinen Weindörfchens Leiwen, befinden sich mit dem Urbanshof das Stamm-Weingut und die Kellerei des heute 38 Hektar Weinbergsbesitz an Mosel und Saar umfassenden Gutes.

Qualität ist Teamwork: Die »Mannschaft« auf dem Urbanshof

Der heutige Chef, Hermann Weis, der 1971 das Gut vom Vater übernahm und seither großzügig erweitert hat, ist in der Weinwelt nicht erst seit dem Gewinn des Riesling-Erzeugerpreises 1995 eine bekannte Größe, hat er das Gut mit einer konsequenten Qualitätsstrategie doch an die Spitze von Mosel-Saar-Ruwer geführt. Die mit 73 hl/ha niedrigen Erträge seiner Weinberge werden temperaturgesteuert im Edelstahltank vergoren, was den stahligen Moselanern und den feinnervigen Saarrieslingen die Frische und den mit 10 Prozent Anteil kleinen Müller-Thurgau-Mengen die mineralische Duftigkeit erhält. Je nach Herkunft, Jahrgangscharakteristik und Prädikatsstufe werden die Weine dann in Edelstahl oder im Holzfaß ausgebaut.

RIESLING-TRESTERBRAND

Sortenreiner Tresterbrand aus Trestern verschiedener Lagen von Mosel und Saar, diskontinuierlich gebrannt und über 5 Jahre im Eichenholzfaß gelagert (42 %vol, 50 cl).

Hellgoldenes, sehr ansprechendes Destillat mit spätherbstlicher Charakteristik (Hefetöne, Trauben, Gewürze, Unterholz) und üppigem Körper mit langer, eleganter Süße im Nachhall.

WEGELER

**Geheimrat J. Wegeler Erben
Friedensplatz 9-11
D-65375 Oestrich-Winkel**

D ie Weingüter Geheimrat J. Wegeler Erben gehören zu den größten Weinbergsbesitzern Deutschlands. 1882 legte der Inhaber der Koblenzer Sektkellerei Deinhard, der Geheime Commerzienrat Julius Wegeler, mit dem Kauf der ersten Weinberge in Rüdesheim den Grundstock für die heute 110 Hektar umfassenden Ländereien der Familie Wegeler-Deinhard.

1894 wurde das angesehene Wagnersche Weingut in Oestrich mit Gutshaus und Kellerei erworben – heute Sitz der Gutsverwaltung, die neben dem Rheingauer Weingut auch Flächen in der Anbauregion Mosel-Saar-Ruwer (Bernkastel) und in der Pfalz (Deidesheim) verwaltet. Trotz der erstklassigen Parzellen und modernster Kellertechnologie keine leichte Aufgabe für Güterdirektor Norbert Holderrieth: »Guten Wein zu machen ist das eine. Guten Wein zu einem angemessenen Preis zu verkaufen, das andere«. Innovativ, Trends aufnehmend, ohne schnellebigen Moden sklavisch zu folgen, stellte der weitsichtige Güterdirektor das Sortiment um: Markenweine der Spitzenkategorie, wie der mittlerweile berühmte »Geheimrat J.«, wurden geschaffen, auf dem

Norbert Holderrieth

Etikett steht der Weingutsname plakativ mit Wiederer-
kennungswert im Mittelpunkt. Spritzige Sommerweine
ohne Lagenangabe, aber mit regionaltypischem Charakter
erreichen auch die jungen Weintrinker und führen so
Neueinsteiger sanft an die Top-Kategorie heran – wo die
Weine für Kenner dann natürlich wieder die berühmten
Lagennamen wie »Forster Ungeheuer«, »Wehlener Sonnenuhr«, »Bernkasteler Doctor« oder »Rüdesheimer
Berg« tragen. Eine mehrschichtige Vertriebsstrategie, die
den Wegeler-Weinen einen festen Platz in der deutschen
Spitzengastronomie eingetragen hat.

GUTSTRESTER
VOM RHEINGAU RIESLING

Sortenreines Destillat aus den voll-
saftigen Trestern des Rheingauer
Rieslings, in der renommierten
Brennerei Ziegler in Freudenberg
doppelt diskontinuierlich in der
Kupferbrennblase gebrannt und im
Eichenfaß ausgereift (43 %vol, 50 cl).

*Ein ausgezeichneter, leider rarer
Brand: tief bernsteinfarben mit
rötlichen Lichtern, weiniger, warmer Duft
nach Rosinen, Frucht, Röstaromen, am
Gaumen saftig, bevor sich feine, die
Duftkomponenten aufnehmende Säure
und Kraft entwickelt.*

WENDELIN

Georg und Mathias Wendelin
Feldstraße 3
A-7122 Gols

Unweit der ungarischen Grenze liegt die Weinbau-gemeinde Gols, am Ostufer des Neusiedlersees, in der vom heißen Atem der sommerlichen Puszta gestreif-ten pannonischen Tiefebene. Die Römer bauten hier Wein an. Ihnen folgten viele Generationen, die den natür-lichen Reichtum dieser Region für den Wein- und Obst-bau nutzten. Unter ihnen immer wieder Mitglieder des Wendelin-Clans. Heute tragen sage und schreibe acht Weingüter in Gols den Namen dieser alt-eingesessenen Familie. Georg und Ma-thias Wendelin sind neben dem Weinbau für ihre Destillate bekannt – im kleinen Kupferbrennapparat destillieren sie eine stattliche Anzahl von reinsortigen Tre-sterbränden, aber auch feine Obstdestil-late.

TREBERNBRAND
CHARDONNAY 1994

Jahrgangstresterbrand aus der am Neusiedlersee heimisch gewordenen, ursprünglich französischen Nobel-rebsorte (40 %vol, 50 cl).

🍷 *Konzentriert, durch weinige Stoffigkeit geprägt, mit ausgewogenem Geschmack (Zitrus und leicht grasige und Mineralnoten) – sehr angenehm.*

TREBERNBRAND TROCKENBEEREN

Die rosinenartigen Trockenbeeren sind eine Spezialität
des Neusiedlersees. Ihre
Trester sind zwar gering in der
Ausbeute, dabei aber kräftig
und aromatisch
(40 %vol, 50 cl).

*Tiefes, weiniges Destillat mit
kräftigem Beerenaroma und
würzigem, herzerwärmendem
Geschmack: nicht nur für kalte
Wintertage.*

TREBERNBRAND BLAUFRÄNKISCH

Aus der in Deutschland
(Württemberg) Lemberger
genannten und in Gols promi-
nenten Rotweinsorte sortenrein destilliert (40 %vol, 50 cl).

*Helle, frische Rotweinnase mit
raffinierter Würze prägt diesen
süffigen, in seiner runden Fruchtigkeit anschmiegsamen Brand.*

WERNER

Weingut O. Werner & Sohn
Römerstraße 17
D-54340 Leiwen

Der kleine Weinbauort Leiwen an der Mosel hat heute einen ausgezeichneten Ruf bei den Weintrinkern – das war vor einem Jahrzehnt ganz anders: Der Absender Leiwen stand meist für süße »Billigheimer« in Supermarktregalen. Für Bernhard Werner, den 25jährigen Juniorchef des Weingutes O. Werner, und andere Jungwinzer ein Graus. So konnte es nicht bleiben: Zusammen suchten die Weingutserben nach einem machbaren Konzept für erstklassige Rieslinge, experimentierten in Weinberg und Keller. Mehr als ein halbes Jahr härtester Gemeinschaftsarbeit steckte die bald gegründete »Vereinigung der Leiwener Jungwinzer« in die Wiederbestockung der Laurentiuslay, einst Vorzeigelage der Mosel, die wegen zu steiler Hänge als unwirtschaftlich aufgegeben worden war. Schon bald sorgten erste Auszeichnungen für die Rieslinge der »Top Leiwen Selection« genannten Linie der Jungwinzer-Vereinigung – und damit einhergehend auch wirtschaftlicher Erfolg – für die nötige Anerkennung im Ort. Nächster Schritt hin zu konstanter Qualität und gutem Profil im Weingut von Oswald und Bernhard Werner: naturnaher Anbau, Verzicht auf Spritzmittel, Düngung mit Mist von Biohöfen. Ein mühevolles Geschäft, denn die besten Lagen der Werners liegen in den Steilhängen von Laurentiuslay und Klostergarten in Leiwen, in der Trittenheimer Apotheke und dem Altärchen sowie dem Schweicher Annaberg. Für Winzermeister Bernhard Werner kein Problem: Sollte er weitere Parzellen hinzukaufen (und das hat er fest vor), dann wieder nur in Steillagen: »Die Mühe ist nicht wichtig, Hauptsache, es wird ein guter Wein!«

MARC VOM RIESLING 1990

Traditioneller, sortenreiner Tresterbrand, diskontinuier-lich destilliert, 4 Jahre in Eichenfässern aus Huns-rück-Eiche gereift, die zuvor zweimal mit Riesling gefüllt waren (40 %vol, 50 cl).

Goldfarbener Brand mit enorm intensivem Duft nach Trockenobst, Pflaumen, Nüssen und buttriger Bittermandel, am Gaumen konsequent bis in den lange nachklingenden Abgang – sehr verlockend.

TRESTERBRAND 1995

Aus Riesling-Trestern von Schiefer-Steilhanglagen, nur wenig gepreßt und nach der Fermentation frisch ge-brannt, 8 Monate in den zuvor für den Marc vom Riesling verwendeten Fäs-sern gelagert (42 %vol, 70 cl).

Lichtes Gold, in der Nase heller und frischer als sein Vorgänger (Heu, Liebstöckel, Petersilie, Gräser), am Gaumen tiefer werdend mit deutlicher Steigerung zum würzig-bitteren Finish.

WIENINGER

Weingut Wieninger
Stammersdorfer Straße 78
A-1210 Wien-Stammersdorf

In einem schönen Innenhof unter alten Nußbäumen lassen's sich die Wiener an Sommerwochenenden bei Schrammelmusik gutgehen: im Heurigen des Weingutes Wieninger in Stammersdorf, dem idyllischen Stadtteil mit seiner von Kaiser Joseph II. im 18. Jahrhundert begründeten Buschenschanktradition.

Neben der Versorgung akut durstiger Kehlen mit leichten Sommerweinen hat sich Weinbauingenieur Fritz Wieninger auf die Erzeugung hochwertiger Bouteillenweine spezialisiert. In seinen Parzellen am Bisamberg hat er sich auf ein natürliches Dauerbegrünungssystem verlegt und reduziert nach der Rebblüte überschüssigen Traubenansatz, um den Ertrag niedrig zu halten und die Extrakte und die Traubenzucker-Gradation zu erhöhen. Nach der Lese werden die Trauben schonend gerebelt und abgepreßt (mit positiver Auswirkung auch auf die Trester) und schließlich geduldig vergoren und gelagert. Geduld beweist Winzer Wieninger auch bei der Brennerei, die er seit 1987 betreibt.

Nach der anstrengenden Weinlese genießt Fritz Wieninger seine Arbeit in der Brennerei »wie einen Urlaub im Waldviertel: das Knistern des Feuers, das gleichmäßige Brodeln der Maische, die dampfenden Trebern; langsam geht am Vormittag die Sonne auf, manchmal fällt Schnee, oder es ist einfach nur kalt und klar – all das sind Eindrücke, die unheimlich beruhigen können.« Eine innere Ruhe und Zufriedenheit, die sich auch den Genießern von Wieningers Destillaten vermittelt.

TREBERN VOM CHARDONNAY 1990

Doppelt diskontinuierlich gebrannter Tresterbrand aus Chardonnay, in kleinen Edelstahlcontainern ausgereift (43 %vol, 35 cl).

Eigenwilliges Destillat mit an Chardonnay aus Chablis erinnernder Nase: mineralische Feuersteintöne, Pilze, Unterholz, frische Butter, mit runder Weinigkeit und konsequentem Charakter – strahlend und sehr elegant.

TREBERN VOM CABERNET 1993

Jahrgangsdestillat aus der Rotweinsorte Cabernet Sauvignon, die in Wien Seltenheitswert besitzt; auf der Maische vergoren und direkt nach dem Abstich destilliert, kurz im Faß gelagert, dann im Edelstahl harmonisiert (43 %vol, 35 cl).

Strohblond, mit geheimnisvoll dunkler Nase; das Aroma betört durch weiche, zart mineralisch akzentuierte Weinigkeit bis in den nachhaltigen Schluß – ein sinnlicher Brand.

WIMMER-CZERNY

Weingut Wimmer-Czerny
Obere Marktstraße 37
A-3481 Fels am Wagram

Ob Thomas Gottschalk, prominentester Kunde von Winzer Hans Czerny, das weiß? Rund um den kleinen Weinort Fels am Wagram liegen die Weinberge der Familie Wimmer-Czerny verstreut. Hauptsorten sind Grüner Veltliner, Weißburgunder, Riesling und Zweigelt, auch ein wenig Malvasier, Traminer und Chardonnay sind bestockt. Sorten- und lagenrein werden die im Ertrag reduzierten und möglichst spät gelesenen Trauben im

Keller ausgebaut. Ihren trotz Extraktreichtums duftig-frischen Charakter erhalten sie durch den bewußten Verzicht auf kellertechnische Tricks.

TREBERNER HAUSBRAND 1994

Klassische Trester-Cuvée, doppelt diskontinuierlich gebrannt
(42 %vol, 37,5 cl).

Männlich-markanter Brand mit floralen wie würzigen Noten (Fresien, Veilchen, Iris, Sesam, Kümmel, Menthol) und Pfeffer im Geschmack, im Abgang trockener werdend.

WINKLER-HERMADEN

Weingut Winkler-Hermaden
A-8353 Kapfenstein 105

Im Herzen der alten k.u.k.-Donaumonarchie, im heutigen Dreiländereck zwischen der österreichischen Steiermark, Ungarn und Slowenien, mit weitem Blick bis zu den östlichen Ausläufern der Karawanken, thront die Wehr- und Grenzburg Kapfenstein aus dem 11. Jahrhundert auf ihrem Basaltfelsen.

Seit Jahrhunderten wird zu Füßen der Burg Weinbau betrieben. Und seit Anfang dieses Jahrhunderts ist die guterhaltene Burg mit ihrem Weingut und dem vorzüglichen Hotel-Restaurant »Schloßwirt« im Besitz der Familie Winkler-Hermaden. Die insgesamt 12 Hektar Weingärten liegen an den steilen Abhängen des Kapfensteiner Kogels, auf Böden aus Vulkangestein mit Kalkmergel. Bestockt sind die Riede vorwiegend mit Sauvignon blanc und der Burgunderfamilie, daneben wird, für die Steiermark eher

Das zur Burg gehörende Weingutsgebäude

ungewöhnlich, Rotwein aus Zweigelt und Spätburgunder gekeltert.

Qualitätsorientierter Schnitt, Traubenausdünnung, intensive Laubarbeit und Mengenbegrenzung sorgen dabei für gesundes, aromatisches Traubengut. Nach der Maischegärung der Rotweine lagern diese im »Löwenkeller«, einem hohen Gewölbe aus dem 17. Jahrhundert, in traditionellen Holzfässern, aber auch in Barriques, die aus dem Eichenholz der Winklerschen Wälder gefertigt wurden – eine Besinnung auf die guten Möglichkeiten vor Ort, die auch den fruchtigen Obstsäften, den milden Weinessigen und natürlich den reintönigen Bränden aus eigener Destille zugute kommt.

TRESTERBRAND 1992

Jahrgangstresterbrand aus den schonend gepreßten Trestern des Weingutes, nach traditioneller Art gebrannt
(44 %vol, 50 cl).

Ein saftiger, sehr ansprechender Brand mit würziger Fruchtnase und konsequenter Geschmacksentwicklung, der im Abgang kraftvolle Bitterschokoladentöne entwickelt.

WIRSCHING

Weingut Hans Wirsching
Ludwigsstraße 16
D-97343 Iphofen

Seit 15 Generationen, genau seit anno 1630, befindet
sich das Weingut Hans Wirsching im malerischen
Iphofen am Fuße des Steigerwaldes schon in Familienbesitz – heute eines der größten und bekanntesten Weingüter Frankens. Eine Rebfläche von nahezu 60 Hektar in den
bekannten, größtenteils steilen Iphöfer Lagen Julius-Ech-
ter-Berg, Kronsberg, Kalb und Burgweg liefert Trauben,
die dank der durch angrenzende Wälder geschützten Lage
und dunkler Keuperböden jenen mineralisch-fruchti-
gen Charakter besitzen, der für die Wirsching-Weine so
typisch ist.

Beim Rebensortiment setzte der heutige Gutsherr, Dr.
Hans Wirsching, schon früh auf die regionalen Klassiker

Historisches Stammhaus

Silvaner, Riesling und Scheurebe. Dank gezielter Ertragsreduzierung und geeigneter Böden gelingen ihm aber
auch bei dem oft als »Massensorte« genutzten Müller-
Thurgau Weine von Rang. Erste Versuche mit den Burgunderrebsorten lassen sich ebenfalls sehr gut an. Im
Herbst, zur Lesezeit, herrscht Hektik im Weingut: Die von
Hand gelesenen Trauben werden möglichst schnell und
möglichst schonend gepreßt, der Most wird unter Verzicht auf Reinzuchthefen, aber temperaturkontrolliert
vergoren. Die Weißweine profitieren vom reduktiven Ausbau, der ihnen die Frische erhält – sie sind nach regionalem Vorbild völlig durchgegoren (etwa drei Viertel) oder
natürlich edelsüß mit kräftiger Säurestruktur.
Bei den (wenigen) Rotweinen aus Spätburgunder, Domina, Portugieser und Dornfelder wird oxidativ in Eichenfässern ausgebaut, auch Barriques kommen zum Einsatz.
Eigene Brennerei.

TRESTERBRAND

Trester-Cuvée aus Silvaner, Riesling
und Traminer in Spät- und Auslesequalitäten, in einer Wasserbad-
Kupferbrennblase doppelt destilliert und 5 bis 6 Jahre in Barriques
gelagert (42 %vol, 70 cl).

*Hellgoldenes Destillat mit frucht-
betontem Aroma (Pfirsich, Aprikose,
Pflaume), sanft gewürzt; trockener,
muskulöser Körperbau – sehr gelungen.*

WITTMANN

Weingut Wittmann
Mainzer Straße 19
D-67593 Westhofen

Rheinhessisches Familienweingut, das auf den seit 1663 in Erbpacht besessenen, in kurpfälzischem Eigentum befindlichen Seehof in Westhofen zurückgeht. Heute liegt das Gutshaus der Familie Wittmann in einem großen, mediterran blühenden Garten am Ortsrand des verwinkelten Örtchens zwischen Mainz und Worms.

Drei Generationen bewirtschaften das 16 Hektar große Weingut, dem Seniorchef Georg mit kraftvollen, trockenen Weinen schon Renommee verschaffte, als Rheinhessen noch vom schlechten Image der massenhaft angebotenen, spottbilligen Supermarkt-Spätlesen gebeutelt wurde. Sein Sohn Günter ging noch einen Schritt weiter und das Wagnis ein, Weine aus konsequent naturfreundlichem Weinbau anzubieten.

Familie Wittmann

Wer unter »Ökoweinen« noch immer schwefelüberfrachtetes, histaminkontaminiertes Gefahrgut versteht, sollte die reintönigen, charaktervollen Weine des Mitglieds im Verband Naturland unbedingt probieren. Riesling, Müller-Thurgau, Silvaner und die Burgunder sind die wichtigsten Rebsorten auf den tonigen Lehm-Löß-Böden der Westhofener Lagen Morstein, Steingrube, Aulerde und Kirchspiel, die dank der geschützten Süd- bis Südostposition in den aus dem Urstromtal des Rheins aufsteigenden Rebhängen gute Voraussetzungen für gesundes Traubengut liefern.

Sorgsam und schonend werden die Weinbeeren im Herbst gelesen, so natürlich wie möglich in alten Eichenholzfässern fermentiert und im alten Gewölbekeller ausgereift. Aus den Trestern und der natürlich geklärten Weinhefe stellen die Wittmanns empfehlenswerte Brände her.

FEINER BRAND AUS BURGUNDERTRESTER

Trester-Cuvée aus Chardonnay, Weißburgunder und Spätburgunder, gleich nach der Fermentation diskontinuierlich gebrannt (40 %vol, 50 cl).

Finessenreicher, sommerlich anmutender Brand mit fröhlichem Fruchtduft und gewürzbetonter Kraftentwicklung.

ZEHNTHOF

Weingut Zehnthof Theo Luckert
Kettengasse 3–5
D-97320 Sulzfeld

Theo Luckert gründete 1961 das heute 12,8 Hektar große Weingut Zehnthof und setzte mit seinen klaren, konsequent trocken und sortentypisch strukturierten Weinen ein regionales Konzept um: fränkische Weine im fränkischen Bocksbeutel. Nach Theo Luckerts tragischem Unfalltod 1993 wurde Sohn Wolfgang ins kalte Wasser geworfen – er hat schnell gelernt und schwimmt heute

auch einmal gegen den Strom: Seine Liebe gilt wuchtigen, edelsüßen Weinen, die dank des freundlichen Mikroklimas gute Voraussetzungen am Sulzfelder Cyriakusberg vorfinden. Wie so oft in Franken, gehört zum Zehnthof eine bäuerliche Kleindestille, in der Ulrich Luckert Brände von Format destilliert, darunter saubere, aromaintensive Obstdestillate aus Williamsbirnen, Mirabellen, Zwetschgen, Schlehen, Quitten, Aprikosen und Äpfeln. Sowie verschiedene Tresterbrände.

RIESLING TRESTERBRAND 1993

Sortenreines Jahrgangsdestillat, doppelt diskontinuierlich gebrannt (42 %vol, 50 cl).

Unkomplizierter Brand mit reichem Duft nach vollreifem Obst und dezenten Bitterschokoladennoten. Harmonisch, rund, schön.

SPÄTBURGUNDER TRESTERBRAND 1992

Sortenreiner Jahrgangsbrand, aus eigenen Trestern traditionell destilliert (42 %vol, 50 cl).

Disziplinierter, guter Brand mit heller Rotweinnase und angenehmen, leicht strengen Noten (mineralisch?), am Gaumen fruchtwürzig mit pikant-kräftigem Abgang.

GEWÜRZTRAMINER TRESTERBRAND 1992

Aus Gewürztraminer-Trestern des Jahrgangs 1992 im Weingut gebrannt (42 %vol, 50 cl).

Ein klassischer Traminer-Brand voller Eleganz: samtigweicher, sanfter Duft mit runder, raffiniert gewürzter Fruchtigkeit, lebhaftem, floral abgesetztem Geschmack und nachhaltiger Struktur.

TRESTER GENIESSEN ...

kann man theoretisch immer und überall und zu jeder
Gelegenheit – zumindest, wenn man es hält wie gestan-
dene Italiener, die ja ihre Tresterbrand-Spezialität Grappa
angeblich schon zum Frühstück genießen, im oder zum
Kaffee ... Dabei handelt es sich selbstverständlich um ein
Gerücht. Auch Italiener wollen mit einem klaren Kopf
durch den Tag gehen und reservieren sich die Grappa als
guten, verdauungsfördernden Schluck nach dem Mittag-,
besser noch nach dem Abendessen. Auch der Tresterbrand ist ein idealer Digestif.

Zu den Voraussetzungen für einen wirklichen Genuß gehört natürlich, daß sich das Genußmittel, in unserem Fall
der Tresterbrand, in einem einwandfreien Zustand befindet. Womit wir bei der Frage nach der Haltbarkeit wären:
ungeöffnet unbegrenzt. Ist die Flasche erst einmal ange-
brochen, zeigen sich hochprozentige Spirituosen dank ihres Alkoholgehalts glücklicherweise weniger empfindlich
als etwa ein Portwein mit »nur« 20 %vol Alkohol. Unbegrenzt haltbar sind sie dennoch nicht, und leider läßt sich
auch ein genaues »Verfallsdatum« nicht angeben. Bei
Hochprozentern kann man die Haltbarkeit in der geöffne-
ten (wieder verkorkten oder zugeschraubten) Flasche zwischen einigen Monaten (zartduftige Obstbrände) und
mehreren Jahren (etwa für einen zwölf Jahre faßgereiften
Scotch Malt) veranschlagen, bevor sich die ersten, flüch-
tigsten Aromen merklich in Luft aufzulösen beginnen –
irgendwann verliert jeder Brand, er baut ab.

Die Ausdauer von Tresterbränden würden wir irgendwo
zwischen den genannten Beispielen sehen. Man sollte allerdings bedenken, daß es im Bereich der Trester robuste,
aber auch eher fragile Charaktere gibt. In jedem Fall kön-

nen wir nur raten, Tresterbrände – wie jede andere Spirituose auch – eher kühl und dunkel aufzubewahren. Nicht
die Zeitdauer, sondern Licht und Wärme schaden. Sie
können das ja einmal ausprobieren, indem Sie eine Flasche über längere Zeit täglich der prallen Sonne aussetzen
– je kleiner der Rest in der Flasche (sprich: je mehr Luft
über der Flüssigkeit), desto größer der Effekt. Bei einem
wirklich genußreichen Tropfen ist so etwas jedoch nicht
zu befürchten – eine solche Flasche wird nicht alt.

Wer sich jedoch nur ganz gelegentlich ein Gläschen gönnt
(und/oder weiß, daß auf seine Wohnzimmervitrine regelmäßig die pralle Nachmittagssonne knallt), ist am besten
beraten, seine wieder verschlossene Flasche ganz einfach
in den kühlen Keller zu stellen (nicht zu legen!) – es sei
denn, hier lägen fremde, möglicherweise sogar schädliche
Gerüche in der Luft, etwa durch einen Heizöltank. Ein
normaler, leicht feuchtmuffiger Geruch »nach Keller«, wie
man ihn aus Altbaukellern kennt, schadet dagegen über-
haupt nicht.

Zu einem »einwandfreien Zustand« zählt nicht nur die »Frische«, sondern auch der geeignete »Aggregatzustand«: Wenn manche Leute, deren Kühlschrank über ein 3-Sterne-Gefrierfach verfügt, könnten, wie sie wollten … , sie würden vermutlich selbst den edelsten Brand tiefgefrieren. Wir fragen uns manchmal, ob sie die Würfel lutschen würden, wenn Hochprozenter zu »Eis« gefrieren könnten? Spaß beiseite: Eine mit Eis überzogene Wodkaflasche kann ganz effektvoll aussehen, und die Kälte schadet auch nicht, wenn eine Spirituose zugunsten der »Reinheit« kaum noch Eigengeschmack aufweist. Ein aromaintensiver Hochprozenter dagegen, wie etwa ein Tresterbrand, wird durch eine solche Behandlung geradezu umgebracht. Nein, zum Glück nur betäubt: Er »kommt wieder«, wenn er sich im Glas allmählich erwärmt. Ein Tresterbrand sollte von vornherein bei »Zimmertemperatur« getrunken werden, um seine Aromenvielfalt freisetzen zu können, also bei etwa 16 bis 18 Grad. Dies gilt um so mehr für faßgereifte Qualitäten. Allenfalls junge, weiße, etwas schlichtere Brände kann man auch leicht angekühlt genießen.

Trester im Glas

Auch ein nicht überlagerter und richtig temperierter Tresterbrand verspricht nur dann echten Genuß, wenn er in einem adäquaten Glas präsentiert wird. Und zwar nicht allein deshalb, weil das Auge »mittrinkt«.

Es ist uns ein Rätsel, weshalb noch immer nicht sämtliche je produzierten »Stamperl«, diese unsäglichen kleinen Schnapsgläschen, dem Recycling zugeführt worden sind. Solche Gläser eignen sich bestenfalls als Wurfgeschosse. Sie sind dazu gedacht, praktisch bis an den Rand gefüllt zu werden, von wo aus die Aromen sogleich in alle Himmelsrichtungen verfliegen. Nein, so geht es nicht. Genießen heißt, ohne Einschränkung alle Eigenschaften eines Brandes wahrzunehmen: nicht nur den Geschmack, sondern auch Klarheit, Farbe und vor allem Duft. Die

Voraussetzung hierfür schafft nur ein Glastyp: ein durchsichtiges, ungeschliffenes, vorzugsweise dünnwandiges, tulpenförmiges Stielglas. Geschliffenes (oder gar farbiges) Glas würde den Blick für Klarheit und Farbe trüben, der Stiel sorgt für nasenfreundlichen Abstand zwischen Glasöffnung und Hand, und die Tulpe läßt genügend Raum, in dem sich die Aromen entfalten können, eingefangen in einem sich meist nach oben leicht verengenden Kamin des Glases. Die Dünnwandigkeit vermittelt einen subjektiv »direkteren« Kontakt zur Spirituose und ist vielleicht geeignet, die Sinne etwas zu schärfen; ein dünnwandiges Glas ist aber auch ganz einfach ästhetischer, eleganter und wird damit einem komplexen, hochedlen Brand eher gerecht.

Da es sich bei Tresterbränden um eine neu- oder wiederentdeckte Spezies handelt, die gerade erst damit begonnen hat, zu Höhenflügen anzusetzen und als eigenständige Gattung betrachtet, beachtet und bekannt zu werden, bietet die Glasindustrie auch (noch) so gut wie keine speziellen »Trestergläser« an. Wie gut, daß die Grappa den Tresterbränden um einige Jahre vorausgeeilt ist: Längst stellen die meisten Glashütten ausgesprochene »Grappagläser« her, die sich von der Funktion wie von der Ästhetik her ebensogut für einen Trester verwenden lassen. Einige Beispiele sehen Sie auf der nächsten Seite.

Auch wer sich keine speziellen Grappa- bzw. Trestergläser anschaffen möchte, findet bei vielen Herstellern sehr brauchbare Glasformen. Eine Alternative sind beispielsweise vielseitig einsetzbare Degustationsgläser für Spirituosen, aus denen man auch Cognac, Whisky und anderes degustieren und goutieren kann. Ebenso Gläser, die eigentlich für den Genuß von Obstbränden entworfen wurden. Wichtig ist nur, daß die Glasform in etwa dem oben beschriebenen Glastyp entspricht. So gesehen ist ein klassisches, nicht allzu kleines Sherryglas ebenfalls eine ausgezeichnete Wahl – und einem Schnapsgläschen immer vorzuziehen.

Glas aus der Serie
»Grand Palais« von Spiegelau

Glas von Bremer

Glas von Riedel
aus der Serie »Sommerlier«

Glas der Linie »Domaine«
von Schott-Zwiesel

TRESTER IN DER KÜCHE

Wein ist eine wichtige Zutat in vielen Gerichten der gehobenen Küche. Längst ist seine Verwendung zur Selbstverständlichkeit geworden, ebenso wie die Erkenntnis, daß ein wirklich guter Tropfen – am besten der auch zum Essen gereichte Wein – schmeckbare Vorzüge gegenüber einem billigen »Kochwein« besitzt.

Daneben machen auch zahlreiche andere geistige Getränke in der Küche eine gute Figur. Etwa ein aufgespriteter Wein wie Port – oder auch Spirituosen, beispielsweise Cognac. Mit Gin läßt sich, dank seiner Wacholdernote, manches Wildgericht verfeinern.

Und auch mit Tresterbränden lassen sich aromatische i-Tüpfelchen setzen: Trester besitzen, in hochkonzentrierter Form, meist einen ausgeprägt weinigen Charakter und daneben nicht selten (vor allem bei Bränden aus Aromarebsorten) würzige Wesenszüge. Eigenschaften, mit denen man vielen Gerichten das gewisse Etwas einhauchen kann.

In den folgenden Rezepten finden Sie hierfür sicherlich die eine oder andere Anregung zum Nachkochen oder zum Entwickeln eigener Ideen. Und übrigens auch Gelegenheiten, nach einer ausgiebigen Parallelverkostung die nicht ausgetrunkenen Tresterreste sinnvoll zu verwerten.

Tresterbrände in den Küchen berühmter Spitzenköche

Für kreative Köche gehören alkoholische Edelgetränke zum selbstverständlichen Handwerkszeug – Portwein, Cognac oder Whisky, zum Verfeinern von Saucen, zum Flambieren oder für andere Kunstgriffe, mit denen der Meister am Herd seinen Schöpfungen den letzten Schliff verleiht. Daß auch Tresterbrände ambitionierten kulinarischen Kreationen das gewisse Etwas geben können, beweisen die folgenden Rezepte deutscher Spitzenköche, die unsere Hochprozenter von der Suppe bis zum Dessert einsetzen. So etwa Ernst-Ulrich Schassberger (Präsident EUROTOQUES Deutschland, Europäische Union der Spitzenköche; siehe Vorwort), der in seinem Kur- und Sporthotel am Ebnisee im Schwäbischen Wald nicht nur eine große Auswahl an Tresterbränden als Digestif anbietet, darunter übrigens eigene Destillate verschiedener Rebsorten. Er verwendet Trester auch in der Küche, beispielsweise für eine Fischsuppe, die in Schassbergers Restaurant seit zehn Jahren als Hausspezialität gilt und zu der ein trockener Muskateller paßt:

Schassbergers Fischsuppe
(Zutaten für 4 Personen)

1 Forellenfilet	je 1 EL Karotten-, Sellerie- und Lauchwürfel
100 g Zanderfilet	
100 g Hechtfilet	Lorbeerblatt
100 g Wallerfilet	2 Nelken
Gräten (Karkassen der Fische)	3 schwarze Pfefferkörner, gestoßen
50 g Butter	
2 EL Olivenöl	$^1/_2$ Knoblauchzehe
Schalotten	10 cl Tresterbrand
3 Tomaten	3 cl Noilly Prat
$^1/_2$ Fenchelknolle	$^1/_4$ l trockener Riesling

Das Olivenöl mit der Butter erhitzen und die zerkleinerten Gräten und die in Daumengröße geschnittenen Fischstücke darin anbraten, die Schalottenwürfel glasig mit anschwitzen. Die in Stücke geteilten Tomaten, die Fenchel-, Karotten-, Sellerie- und Lauchwürfel, das Lorbeerblatt, die Nelken, Pfefferkörner und den Knoblauch dazugeben, alles gut köcheln lassen. Wenn die Flüssigkeit nahezu eingekocht ist, mit dem Tresterbrand ablöschen und flambieren. Mit dem Riesling und Wasser auf ca. 2 Liter Gesamtmenge auffüllen und etwa 15 bis 20 Minuten köcheln lassen. Nun alles durch die flotte Lotte (feines Sieb) passieren und mit Noilly Prat, Salz und Pfeffer abschmecken. Dazu eine Kräuterpaste mit Kernen servieren. Hierfür

2 EL Sonnenblumenkerne $^1/_2$ *Knoblauchzehe*
1 EL Kräuter von Basilikum,
 Estragon, Thymian, Dill,
 Kerbel

fein hacken und mit geriebenem Hartkäse (1 EL) und Olivenöl zu einer geschmeidigen Paste vermischen.

Das folgende Rezept für 4 Personen, ein Zwischengang, stammt von Fritz Schilling, Küchenchef in den berühmten »Schweizer Stuben« in Wertheim-Bettingen:

Entenstopfleber mit glasierten Trauben in Tresterbrand vom Muskateller

4 cl Muskateller-Trester, auf die Hälfte reduziert	1 TL Zucker
	10 g Butter
60 geschälte kernlose türkische Trauben (Smyrna)	Muskatnuß

Zucker mit der Butter leicht karamelisieren, ablöschen mit dem Trester und die Trauben dazugeben. Reduzieren, bis die Trauben schön glänzen, und mit einer Prise Muskat würzen.

Karamelsauce

$^1/_4$ l Bordeaux (kräftig)	Salz, Pfeffer
$^1/_8$ l Enten- oder Geflügelfond	20 g Butter
1 TL Zucker	1 Msp. angerührtes Mondamin
1 TL Sherryessig	

Zucker in einer Sauteuse karamelisieren, mit dem Essig ablöschen. Den Bordeaux zugeben, auf die Hälfte reduzieren. Dann den Entenfond zugeben und nochmals um die Hälfte einkochen. Leicht mit Mondamin stabilisieren und mit der frischen Butter aufmontieren. Mit Salz und Pfeffer abschmecken.

Pro Person 60 g Entenstopfleber in Scheiben geschnitten oder (bei optimaler Konsistenz) am Stück braten. Mit grobem Meersalz und Pfeffer würzen. (Belegt man die Leberscheiben mit Briqueteig, erzielt man den optimalen Knusper-Effekt!)

Den folgenden, hier für 2 Personen dimensionierten Hauptgang der Sonderklasse hat Josef Viehhauser (Restaurant »Le Canard«, Hamburg) kreiert:

Fasanenbrust mit Tresterkraut und Eßkastanien

1 Fasan
Salz, Pfeffer
1 Sträußchen Thymian
1 EL Olivenöl
1 kleiner Weißkohlkopf
1 Gemüsezwiebel
1 EL Zucker
etwas Gänseschmalz, Salz,
  Pfeffer
1 TL gekochter Kümmel

$^1/_2$ l Champagner
6 cl Tresterbrand
1 TL Zucker
10 geschälte Eßkastanien
1 EL zu Brunoise feinge-
  schnittene Selleriewürfel
2 cl Tresterbrand
Salz
etwas Fasanenjus (oder
  dunkler Geflügelfond)

Den Weißkohl von den äußeren Blättern trennen und ohne Strunk in feine Streifen schneiden. In einem großen, breiten Topf einen Eßlöffel Zucker in wenig Gänseschmalz karamelisieren; die Zwiebel dazugeben und andünsten lassen. Dann den Weißkohl daraufgeben und kurz mit anschwitzen. Nun kommen die Gewürze und der Champagner dazu. Im zugedeckten Topf im Ofen bei 180 Grad gardünsten. Nach ca. 20 Minuten mit Trester abschmecken und nochmals kurz durchkochen.

Für die Maronen ebenfalls Zucker karamelisieren. Die Selleriebrunoise dazugeben und kurz durchrösten. Die Maronen daraufsetzen, mit der Jus ablöschen und sirupartig einkochen lassen, die Kastanien unterschwenken.

Zum Schluß mit Trester und etwas Salz abschmecken. Den Fasan würzen und im Ofen bei mäßiger Hitze (ca. 180 Grad) mit dem Thymiansträußchen braten (ca. 15 bis 20 Minuten). Den Fasan herausnehmen und ca. 10 Minuten ruhen lassen. Den Fasan tranchieren und auf dem Kraut anrichten. Die Maronen werden um das Kraut gelegt.

Auch wenn es an das Dessert geht, hat der Österreicher Josef Viehhauser einen von Trauben und Trestern inspirierten Vorschlag:

**Topfen-Mohn-Knödel
mit Trestersabayon und Weintraubenkompott**

Mohnfülle

40 g Milch	*30 g Brösel*
1 TL Honig	*abgeriebene Schale einer*
20 g Zucker	*Zitrone*
60 g Mohn, gemahlen	*Zimt*

Alles in einem Topf ca. 1 bis 2 Minuten kochen, auskühlen lassen und Kugeln abdrehen.

Topfenknödel

180 g Magerquark	*10 g Butter*
1 Vollei	*abgeriebene Schale einer*
1 EL Puderzucker	*Zitrone*
40 g Brösel	

Magerquark über Nacht in einem Passiersieb abtropfen lassen. Zutaten vermengen, Knödel formen, mit Mohnkugeln füllen und ins kochende Wasser geben. 10 Minuten ziehen lassen.

Rollbrösel

100 g Brösel	*50 g Puderzucker*

Rösten und fertige Knödel darin wälzen.

Traubenkompott

200 g abgezogene, kernlose   25 ml Zitronensaft
    Weintrauben   50 g Zucker
200 ml edelsüßer Wein (z.B.   5 g Stärke
    Beerenauslese Stiegelmar)

Die Flüssigkeiten mit dem Zucker aufkochen. Das Ganze mit Stärke binden und etwas köcheln lassen (ca. 10 Minuten, bis die Sauce klar ist). Die Weintrauben dann in die abgekühlte Sauce geben.

Sabayon

100 ml Rieslingsekt   60 g Zucker
30 ml edelsüßer Wein   3 Eigelbe
30 ml Trester

Für das Sabayon sämtliche Zutaten bis auf die Hälfte des Tresters über einem Wasserbad in einem Schneekessel dickschaumig aufschlagen. Die andere Hälfte des Brandes zum Schluß unterheben.
Zu guter Letzt:
Die Knödel auf dem Traubenkompott anrichten und mit dem Sabayon umgießen.
Hierzu empfiehlt Josef Viehhauser einen Wein aus seiner österreichischen Heimat: eine 1991er Neuburger Beerenauslese von Stiegelmar (Gols, Burgenland). Und für danach empfehlen wir einen Tresterbrand derselben Provenienz – siehe Seite 193.

Daß Tresterbrände gerade im Dessertbereich ein aromatisches Glanzlicht setzen können, zeigen die beiden folgenden Rezepte zweier Superstars der deutschen Spitzengastronomie.

Harald Wohlfarth, »Traube«, Tonbach:

Geeiste Traubensuppe mit Halbgefrorenem vom Tresterbrand
(Zutaten für 6 Personen)

Traubensuppe

2 Blatt weiße Gelatine
0,2 l heller Traubensaft
0,2 l Riesling Beerenauslese

50 g Zucker etwas Tresterbrand
0,1 l Rieslingsekt

Halbgefrorenes

0,2 l heller ungesüßter Traubensaft
80 g Zucker

3 Eigelbe
4 EL Tresterbrand
0,3 l süße Sahne

Erdbeerkrapfen

0,1 l Weißwein
1 Eigelb
1 Msp. Vanillemark
eine Prise Salz
abgeriebene Schale einer Viertel unbehandelten Zitrone
100 g Mehl
1 Eiweiß

je 1 EL Vanille- und Puderzucker zum Wälzen
2 Zweige Zitronenmelisse oder Pfefferminze
30 g Zucker
ca. 1 kg Butterschmalz zum Fritieren
12 mittelgroße Erdbeeren

Für das Halbgefrorene Traubensaft und Zucker in einen Topf geben, auf die Hälfte der Flüssigkeit einkochen lassen. Das Eigelb in einer Schüssel schaumig schlagen. Unter ständigem Rühren nach und nach den eingekochten Saft zugeben. So lange weiterschlagen, bis die Masse fast erkaltet ist; mit Tresterbrand abschmecken. Die Sahne steif schlagen und unter die Eierschaumcreme heben. Die Masse in sechs kleine Portionsförmchen füllen und im Gefriergerät ca. 12 Stunden fest werden lassen.

Für die Erdbeerkrapfen Wein, Eigelb, Vanillemark, Salz und Zitronenschale miteinander vermischen. Das Mehl unterrühren und die Masse durch ein Sieb streichen. Das Eiweiß steif schlagen, den Zucker dabei einrieseln lassen. Den Eischnee unter den glatten Weinteig heben. Eine halbe Stunde im Kühlschrank ruhen lassen.

Für die Suppe die Gelatine in kaltem Wasser einweichen. Traubensaft, Wein und Zucker in einen Topf geben. Erhitzen, aber nicht zum Kochen bringen. Gelatine gut ausdrücken und in der heißen Flüssigkeit auflösen. Das Ganze in eine Schüssel mit Eiswürfeln stellen und unter Rühren abkühlen lassen.

In der Zwischenzeit für die Erdbeerkrapfen das Butterschmalz in einer Friteuse auf 180 Grad erhitzen. Die Erdbeeren putzen, durch den kalten Weinteig ziehen und im heißen Butterschmalz goldbraun fritieren. Auf Küchenpapier legen, damit überschüssiges Fett aufgesaugt wird. Die Erdbeerkrapfen in einem Gemisch aus Vanille- und Puderzucker wälzen.

Die eiskalte Traubensuppe mit Tresterbrand abschmekken und mit Rieslingsekt auffüllen. Auf sechs vorgekühlte tiefe Teller verteilen. Die Förmchen mit dem Halbgefrorenen kurz in heißes Wasser tauchen und das Halbgefrorene vorsichtig in die Traubensuppe stürzen. Mit je einem ganzen und einem halbierten Erdbeerkrapfen, Zitronenmelisse oder Minze anrichten.

Schließlich ein Dessert von Dieter Müller,
»Schloßhotel Lerbach«:

Traubentarte mit Weinschaumeis und Trestersabayon
(Zutaten für 6–8 Personen)

Weinschaumeis

6 dl Moscato d'Asti	*200 g Butter*
170 g Zucker	*3 Eigelbe*

Den Wein mit dem Zucker auf 60 Grad erhitzen. Mit einem Pürierstab die Butter untermixen und weiter auf
80 Grad erhitzen. Zusammen mit den Eigelben im Mixer
etwa 8 Minuten schlagen, anschließend in der Eismaschi-
ne frieren.

Traubentarte

100 g Blätterteig	*50 g Sahne*
45 g Butter	*50 g Milch*
45 g feingemahlene Mandeln	*40 g Zucker*
45 g Zucker	*1 Vanilleschote (Mark)*
15 g Speisestärke	*8 g Speisestärke*
1 Eigelb	*1 Eigelb*
1 EL Rum	*250 g Trauben*

Den Blätterteig dünn ausrollen und eine flache Kuchen-
oder Tarteform (24 cm Durchmesser) damit auslegen. Die
Kuchenform mit Alufolie auslegen und bei 220 Grad
blindbacken. Die Butter mit den Mandeln und dem Zuk-
ker schaumig schlagen. Die Stärke, das Eigelb und den
Rum zufügen und alles gut verrühren. Die Sahne – bis auf
einen Teelöffel – mit Milch, Zucker und dem ausgeschab-
ten Mark einer halben Vanilleschote aufkochen. Die
Speisestärke mit einem Teelöffel Sahne und dem Eigelb

verrühren. Die kochende Flüsigkeit damit abbinden. Anschließend die Masse kaltschlagen und unter die Mandelmasse heben, auf den Kuchenboden streichen. Die Trauben waschen, häuten, halbieren und entkernen und mit der Schnittseite nach unten auf die Mandelmasse legen. Nochmals bei 200 Grad mit Unterblech etwa 35 Minuten goldgelb backen.

Trestersabayon

9 cl Weißwein   3 Eigelbe
30 g Zucker   4 cl Tresterbrand

Den Wein mit Zucker und Eigelb cremig auf dem Wasserbad aufschlagen und mit dem Trester aromatisieren. Zum Anrichten jeweils ein Stück von dem Kuchen auf einen Teller geben, die Spitze mit dem Sabayon überziehen und das Eis darauf anordnen.

Trester in der Bar

Trester macht nicht nur im Glas eine gute Figur und als aromagebende Zutat in der Küche. Selbst in der Bar läßt sich kreativ damit arbeiten – auch wenn sich das an den Bartresen noch längst nicht herumgesprochen, geschweige denn als Erkenntnis durchgesetzt hat. Selbst Grappa ist noch nicht zu einer Basisspirituose für Mixgetränke avanciert – wie sollte man es also von Tresterbränden anderer Nationalität erwarten, die eben erst in ihrer puren Form entdeckt werden?

Dennoch: Trester wie Grappa eignen sich als alkoholisches Rückgrat für so manche Drink-Kreation. Und selbst für Variationen bekannter Klassiker aus der Welt der Cocktails und Longdrinks. Etwa die Gruppe der Sours mit Whisky Sour als Anführer: Warum nicht mal ein »Trester Sour«? Hierfür 2–3 cl Zitronensaft, 1–2 cl Zuckersirup und 5 cl Trester auf Eis verrühren. Mit Soda aufgefüllt, wird der Sour zum Trester Collins. Und wird der Dreiklang Saft, Sirup und Spirituose nicht gerührt, sondern geschüttelt und mit Soda aufgefüllt, entsteht ein Trester Fizz ... Schön auch ein Trester Highball: Tresterbrand (z. B. vom Muskateller) auf Eis mit Soda aufgefüllt, mit einem Spritzer Orangenbitter abgeschmeckt und einer Zitrusschale garniert. Oder ein Trester Julep: Hierfür werden frische Minzeblätter mit Zucker gemörsert, mit 4 cl Tresterbrand und gestoßenem Eis bis zum Glasrand aufgefüllt, das Glas mit einem Minzezweig dekoriert.

Natürlich paßt Trester auch bestens zum Kaffee, ebensogut wie Grappa – der »Café corretto«, heißer Espresso mit einem Schuß Grappa, ist ein italienisches Nationalgetränk und läßt sich auch mit Tresterbrand variieren. Und auch wie gut ein Cold Coffee mit Grappa schmecken kann, sollten Sie einmal probieren: erstklassigen Espresso mit reichlich Zucker kalt werden lassen, mit 2 cl Tresterbrand verrühren und mit Nelken und Zimtpulver würzen: ein echter Fitmacher. Probieren geht über Studieren!

Bezugsquellen

Jeder der in diesem Buch vertretenen Winzer gibt gerne Auskunft, ob und in welchem Fachgeschäft in Ihrer Nähe seine Weine und Brände erhältlich sind. Sollte er in Ihrer Region nicht vertreten sein, können Sie in aller Regel – und meist auch Einzelflaschen – auf dem Versandweg direkt beziehen. (Sie werden bei einer Nachfrage möglicherweise feststellen, daß der eine oder andere rare Brand bereits ausverkauft ist. Oft stehen jedoch beim selben Winzer noch andere, ähnliche Tresterbrände zur Verfügung, gelegentlich auch Weinbrände oder Obstdestillate.) Bezugsmöglichkeiten der österreichischen und schweizerischen Tresterbrände über Importhäuser bestehen in Deutschland nur vereinzelt. Einige Winzer, deren Produktionsmenge dies rechtfertigt, unterhalten eigene Vertriebsniederlassungen. Von einer solchen Niederlassung kann man ohne Zollformalitäten oder ähnlichen Auflagen Brände beziehen.

Leser in Österreich oder der Schweiz, die sich für einen Tresterbrand aus dem Ausland interessieren, sollten im Fachhandel oder beim Winzer erfragen, ob und durch wen der gesuchte Brand in ihr Land importiert wird und gegebenenfalls über das Importhaus eruieren, welches nahe gelegene Geschäft die Produkte dieses Winzers führt.

Falls nur ein Direktbezug, also ein »Eigenimport«, möglich ist, sollten Sie sich vom Winzer vorab genau über die Abwicklungformalitäten und eventuelle Zusatzkosten informieren lassen. Dies gilt generell und insbesondere auch für den Warenverkehr zwischen EU-Ländern und der Schweiz, in beiden Richtungen.

Die besten und schönsten und direktesten Bezugsmöglichkeiten hat man natürlich auf Reisen: Viele Winzer sind auf Besuche eingerichtet und verfügen über ein Besucherzentrum oder eine Gaststube. Vorherige telefonische Nachfrage und Anmeldung kann von Vorteil sein.

REGISTER

COLLECTION
ROLF HEYNE

GUIDES FÜR
KENNER UND GENIESSER

Axel und Bibiana Behrendt
Grappa
240 Seiten
ISBN 3-453-08039-4

Axel und Bibiana Behrendt
Obstbrände
232 Seiten
ISBN 3-453-09755-6

Axel und Bibiana Behrendt
Cognac
232 Seiten
ISBN 3-453-09104-3

Axel und Bibiana Behrendt
Portwein
240 Seiten
ISBN 3-453-11527-9

Heyne